BADABADA 吧嗒吧嗒

穿越时空
轻松解锁
古文明

图解古埃及

彭剑峰 著

航空工业出版社
北京

内容提要

古文明是现代文明的基石，它以璀璨的成果和梦幻般的神秘色彩，让无数人为之着迷。《穿越时空，轻松解锁古文明》面向青少年读者讲解古文明发展脉络及兴衰过程，分别是《图解古中国》《图解古埃及》《图解古希腊》《图解古罗马》《图解古波斯》《图解古阿兹特克》6册，讲述各大文明妙趣横生的传奇故事、名胜古迹、文化贡献和风俗习惯，是广大青少年读者学习古文明、汲取精神财富的好帮手。

图书在版编目（CIP）数据

穿越时空，轻松解锁古文明．图解古埃及／彭剑峰著．-- 北京：航空工业出版社，2022.5（2023.11 重印）

ISBN 978-7-5165-2966-9

Ⅰ．①穿… Ⅱ．①彭… Ⅲ．①世界史－古代史－青少年读物②埃及－古代史－青少年读物 Ⅳ．① K12-49 ② K411.209

中国版本图书馆 CIP 数据核字 (2022) 第 066342 号

穿越时空，轻松解锁古文明・图解古埃及

Chuanyue Shikong，Qingsong Jiesuo Guwenming・Tujie Guaiji

航空工业出版社出版发行

（北京市朝阳区京顺路 5 号曙光大厦 C 座四层　100028）

发行部电话：010-85672688　010-85672689

三河市金兆印刷装订有限公司印刷　　全国各地新华书店经售

2022 年 5 月第 1 版　　2023 年 11 月第 2 次印刷

开本：710×915　1/16　　字数：45 千字

印张：4　　定价：128.00 元（全 6 册）

简介

古埃及文明充满了魅力，但古埃及文明的背景却是非常复杂难解的。本书通过有趣的内容，讲述了金字塔、木乃伊等古埃及特色文明，让人眼前一亮。图文并茂的方式，更能吸引孩子们的阅读兴趣。本书力图用最浅显的叙述将古埃及的历史及文化描绘出来。

目录

一 孕育古埃及的尼罗河

二 神奇的金字塔

三

古埃及的文化信仰

四

古埃及的食物

一　孕育古埃及的尼罗河

穿行在沙漠中的尼罗河是人类文明的最早发源地之一，古埃及诞生于此。至今，埃及仍有96%的人口和绝大部分工农业生产集中在这里。因此，尼罗河被视为埃及的生命线。几千年来，尼罗河每年6—10月定期泛滥。8月份河水上涨最高时，淹没了河岸两旁的大片田野，之后人们纷纷迁往高处暂住。10月以后，洪水消退，给尼罗河两岸带来了肥沃的土壤。在这些肥沃的土壤上，人们栽培了棉花、小麦、水稻、椰枣等农作物，在干旱的沙漠地区形成了一条“绿色走廊”。

尼罗河确实是埃及人民的生命源泉，它为沿岸人民积聚了大量的财富，缔造了古埃及文明。6600多千米长的尼罗河创造了金字塔，创造了古埃及，创造了人类文明的奇迹。

1 尼罗河给埃及人带来了粮食

我们都知道，华夏民族是在长江与黄河流域沿岸发展起来的，那么你知道古代埃及的人们是从哪里发展起来的吗？

早期的人类都会找一条大河作为发源地，因为大河边上不仅有水喝，而且可以种植农作物。古埃及人找到了他们的母亲河——尼罗河。尼罗河是当今世界上最长的大河，比我们的长江和黄河还要长好多。

尼罗河不是一条安分的河流。每当夏季来临，它都要涨一次大水。一般人们都怕被水淹，但是古埃及人却不怕，不仅不怕，还很喜欢被水淹。这会不会让你觉得，他们的脑筋有点儿问题？

当然，你可别以为古埃及人只是一群爱玩水的顽童。因为聪明的古埃及人发现，每次尼罗河泛滥后，大水消退，两岸都会留下一层厚厚的、又肥沃又潮湿的淤泥。在这种土地上，只要种子落在上面，不用施肥，小麦、水稻等农作物

也能长得很好。而离开河的两岸，却尽是一大片什么也长不出来的沙漠。因此，古埃及人十分感激水淹带来的财富。

刚开始的时候，暴躁的尼罗河可以给古埃及人带来养活生命的财富，但同时它也可以淹没古埃及人的财富，那么古埃及人是如何避免后一种情况的呢？

古埃及人发现了一个绝妙的好办法。他们发现，当太阳照射树木的时候，影子会发生角度变化。经过长时间的观察，他们发现影子的变化和气候、季节的变化，居然都是一致的，而且都有一定的规律。同时，每次洪水来临前，总会有一颗闪亮的星星，出现在黎明前的天空，那颗星我们称作天狼星。

知识拓展

天狼星是除太阳外最亮的恒星，但是暗于金星与木星，绝大多数时间亮于火星。天狼星是一颗蓝白色的主序星，有一颗白矮星伴星，系统质心距离地球约为8.6光年。其中天狼星B，即那颗白矮星伴星，是人类最早观测到的白矮星，也是质量最大的白矮星之一。

由于天狼星每隔 365 天出现一回，埃及人便把这段时间定为一年，每年分成 12 个月。于是，埃及人有了自己的历法，不过这历法和巴比伦的历法不同，它是按照太阳的变化来计算日子的。

2 尼罗河给埃及人带来了鱼类食物

尼罗河一年四季都不会干枯，它不仅在夏季的时候，给古埃及人带来粮食，还孕育了很多的鱼类，所以尼罗河对古埃及人来说，简直太重要了。

古埃及人在尼罗河能用他们最熟练的捕鱼技巧，捕到很多鱼，不仅因为他们技艺高超，还因为尼罗河中有大量的鱼类。他们一年四季都可以捕鱼，并且几乎所有的鱼类都可以吃。在埃及的浅浮雕中，我们能辨认出鲱鱼、鲈鱼、鳗鱼、鲤鱼、丁鲷、丽鱼、不同种类的奥克西林库斯鱼、鲶鱼和尼罗河豚。一位法国动物学家曾经分辨出多达 24 种鱼，至今仍广为传颂。

古埃及人对鱼非常喜爱，可以说鱼是他们的美味佳肴。在肉类食物中，鱼的消费数量远远超过了牛肉和羊肉等。不过他们并不像我们喜欢煮着吃，他们是直接生吃鱼或者把鱼晒干制作成咸鱼。

有宗教禁忌禁止寺庙员工吃鱼，并建议普通人在进入圣殿之前戒鱼。因为每一种鱼和其他动物一样，都被认为是埃及万神殿中一位神仙的化身。虽然宗教这样宣传，但影响到的人很少。要不是如此，这些寺庙员工也会很喜爱吃水域中众神创造的鱼类。

因为古埃及人喜欢吃鱼，越来越多的人从事渔民这个职业。他们会从皇室成员或者当地的名望家族中挑选出一个重要人物来管理这个产业。渔夫们结对工作，并从捕获的鱼中拿出一部分作为自己的劳动报酬。渔夫也没有任何特殊的标志，与放牛者一样，他们赤裸着身体，缠着腰带。

知识拓展

埃及人不吃虾、蟹等海味，以及动物内脏（除肝外）、鳝鱼、甲鱼等。埃及人喜欢吃羊肉、鸡、鸭、鸡蛋、豌豆、洋葱、南瓜、茄子、胡萝卜及土豆等食品。在口味上，他们要求清淡、辣、甜、香、不油腻。烤羊肉串、烤全羊是他们喜爱的佳肴。他们习惯用自制的甜点招待客人，客人如果谢绝不吃，会失敬于人，主人也会失望。

古埃及人的捕鱼技术同样很先进，很早之前他们就学会了如何用网捕捞鱼。他们两组人分别站在两条船上，靠绳索拉着一张大网，在远离河岸的地方拖动着。在玛斯塔巴墓的墙壁上

可以看到，古埃及人拉的网有将近 10 米长。

他们划到深水区，撒下网。网的下端系有坠子，拖着网垂直下沉。他们轻轻地划着船，不弄出一丁点儿声响，看着鱼儿游过来进入网中。当他们认为网中有了足够多的鱼的时候，就拉起绳子，把网拖回岸边。“把河扫一遍”，就像铭文中所说的那样。等他们到了岸上，两队人就尽力把网拉上来。

每天捕捞多次，他们就会得到很多的鱼。他们会把这些鱼拿到市场上去售卖，也会留着一小部分回家吃。

3 尼罗河让古埃及人学会造船

尼罗河是条水量充沛的大河，很适合行船，加上捕鱼需要船只，所以古代埃及人是很擅长造船的。巧的是，在它沿岸的沼泽里，生长着一种又长又阔，像芦苇一样的植物——纸草。它不但可以编成垫子、篮子、盒子、鞋子、家具或上好的绳索，甚至还可以造船。

别小看这轻轻的纸草，如果把它成捆地编扎在一起，不但可以乘着它在河上捕鱼，甚至还可以飘洋过海，去到很远的地方。

尽管古代的埃及有许多纸草船，不过有钱有地位的人，却以拥有一艘木头船为荣。因为在埃及，除了尼罗河沿岸能够生长树木以外，其他地方都是寸草难生的红土

沙漠，所以木头自然就比较珍贵了。

随着工艺的进步，古埃及人学会了制造木船，古埃及木船没有使用龙骨结构，而采用壳式结构和榫接技术，这也是当时地中海地区的典型建造方式。木船的船体没有肋骨板，由多块经过加工的木料对接而成。船上没有钉子，船体都是用绳子捆扎，以增加坚固性，同时用一根很粗的缆绳从甲板前部拉到甲板尾部，并由几根垂直的立柱支撑着。这个设计后来逐渐演变为中央舷梯，不仅有助于稳定船只，还提供了一个平台，船员可以站在那里射箭。

早期的木船是平底，船艏和船艉顶端呈方形或兽首形状，通常船艉会高过船艏，船体宽而浅。后来，古埃及人开始建造圆底呈勺形的船体，船身很宽，吃水较浅。木船上通常设置方形的帆，制帆的材料由纸草制成的席子转变为更结实的亚麻制

品。同时船上还配备了桨——顺风时，扬起方帆，利用风力航行：无风或逆风时，就把帆降下来，用桨划水前进。

知识拓展

胡夫船是法老胡夫的陪葬品，因为船只是古埃及人沟通河谷南北的唯一交通工具。他们认为太阳是创造万物、主宰一切的神，想象天空是浩渺无际的海洋，建造的太阳船可以让死去的国王升天追上太阳神。太阳船的船艉后翘，船艏有凉棚。船的中央两侧各配有五支桨，船艉两个桨作舵用。有些桨上面有箭头，另外船上还有一支篙，用来测水深。

4 上埃及和下埃及王国

古埃及人本来没有国家，他们只是散居在尼罗河边的一个个小部落而已，后来才渐渐合并成南北两个国家。

在南方的叫上埃及王国，国王戴白色的帽子，以神鹰作为保护神，以白色百合花作为国徽。在北边靠近尼罗河下游的，叫下埃及王国，国王戴红色筒状的帽子，以蛇神作为保护神，以蜜蜂作为国徽。

后来，下埃及和上埃及王国，被上埃及王国一个叫美尼斯的国王统一起来。美尼斯在实现统一后分别在上、下埃及加冕，自称“上下埃及之王”（此时埃及国王还不叫法老），并在上下埃及分别设立了白屋和红屋南北两国库，各自实行独立的财政管理，下埃及依然保留着自己的宗教圣城，继续崇拜自己的守护神塞特，保持一定的自主性。

为巩固对北方下埃及三角洲地区的统治，同时也为控制

上下埃及通往亚洲的贸易路线，美尼斯在决战地点修建了一座白色城墙的城市——白城，作为上埃及和下埃及的分界点，也就是后来希腊人所称的孟菲斯城，其意为“普塔神之宫”，因其守护神是艺术和手工业之神普塔神而得名。孟菲斯从建成起就一直是古埃及的手工业中心，城内高级祭司也是从匠师中挑选的，并冠以最伟大的工匠头衔。

美尼斯自称上下埃及之王，所以他有时戴白色的帽子，有时戴红色的帽子，有时戴这两种颜色合制在一起的帽子，象征上、下埃及的统一。

知识拓展

法老是古埃及国王的尊称，也是一个神秘的名字，它是埃及语的希伯来文音译，其象形文字意为大房屋。在古王国时代仅指王宫，并不涉及国王本身。从新王国第十八王朝图特摩斯三世起，开始将法老用于国王自身，并逐渐演变成对国王的一种尊称。第二十二王朝以后，法老成为国王的正式头衔。我们习惯上把古埃及的国王通称为法老。法老自称是太阳神阿蒙之子，是神在地上的代理人和化身，令臣民将其当作神一样来崇拜。

二　神奇的金字塔

埃及金字塔是世界上最神秘的奇迹之一，经过几个世纪的研究，科学家仍然无法确定它们是如何建造的。尽管考古学家们成功地找到了这些巨大的墓葬遗址的一些细节，但每天都会发现一个全新的谜团。

1 建造金字塔的花岗岩是如何运来的

金字塔是用大量的花岗岩建造的，这些花岗岩非常大，而且非常重，徒手抬是抬不起来的。这些花岗岩还是四四方方的，不可以滚动，那么它们是怎么被古埃及人搬运来建造金字塔的呢？

几个世纪以来，大金字塔被认为是在公元前2550年左右由胡夫法老建造的，是世界上最大的建筑。历史发现告诉我们，埃及人只使用木器、绳索和滑轮，由 20000 名工人在 20 年内建造了大金字塔。

这些花岗岩块被拖了 8000 多千米，其中一些来自尼罗河。这些石头的重量是 2.5~15 吨，相当于一辆车的重量。那么，如何把一块重达汽车重量的石头拖过沙子，穿过 8000 多千米呢？当然不是用轮子。当古埃及人掌握轮子技术的时候，金字塔已经很古老了。那时他们也没有钢铁，只有木头和石头。

那我们又有一个疑问了，这些花岗岩一开始就是四四方方的吗？当然不是的，那么它们是怎么被切开的呢？

科学家认为古埃及人是用一种软金属来切割石头的，这种软金属就是铜。古埃及的工匠们大都使用槌子来敲击一个凿子形状的铜器。在敲的时候，要把凿子靠在石头的一个角上，将槌子对准，然后用力敲，大块的石片就会被敲下来。

现代人能用先进的采石工具切割花岗岩，但当时的埃及人还没有铸铁的技术，而铜凿的敲击对这种坚硬的

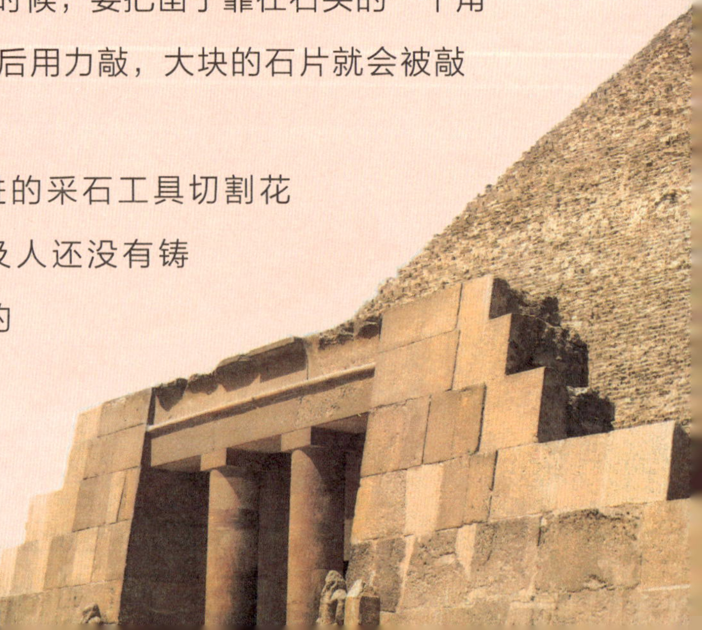

石头又没有丝毫影响。历代考古学家都无法解释古埃及人是如何切割这些 50 吨重的花岗岩石块的，但现在实验考古学揭开了谜团。

古埃及人使用的是一种铜锯，但不是一般的锯子，因为这种铜锯上根本没有锯齿。可是没有锯齿如何切石头呢？答案就是，用沙子。

切割的时候，抓把沙子放在锯子下面，沙子里的石英晶体非常坚硬，可以借助石英晶体慢慢地碾碎坚硬的花岗岩。但是用这种锯子平均每小时只能切割一块 30 立方厘米的花岗岩，切下一块像大金字塔里的石棺那么大的石块则需要 4 个月。古埃及人凭借以砷和沙子为刃口的软铜器，切割了无数块岩石石块。接下来，他们还要把这些石块堆成一座经得住时间考验的丰碑。

知识拓展

科学家认为金字塔上的石头是用石灰和贝壳经人工浇筑混凝而成的，其方法类似今天浇灌混凝土。由于这种混合物凝固硬结得十分好，人们难以分辨出它和天然石头的差别。

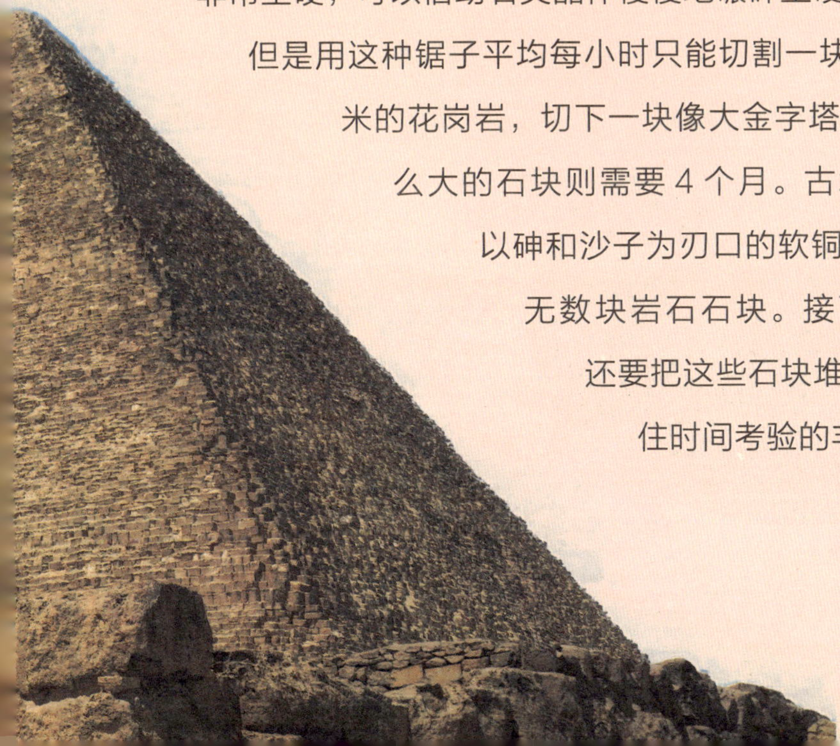

2 金字塔的结构

很多人都以为金字塔只有四面，其实那是错误的认知，大金字塔实际上有八面。当然，从地面看上去确实是只有四面。那是因为拍的照片给我们造成的误觉。但是坐上飞机，你的视角可能会发生变化。大金字塔有八面，只能从空中看到。有些人认为这是防止套管石移位的一种方法。

胡夫金字塔

在埃及首都开罗郊外的吉萨，有一座举世闻名的胡夫金字塔。它作为人造建筑的世界奇迹，是古埃及第四王朝第二个国王胡夫的陵墓，建于公元前70年左右。原高146.5米，因年久风化，顶端 剥落10米，现高136.5米；底座每边长230多米，现长220米，三角面斜度52度，塔底面积52900平方米；塔身由230万块石头砌成，每块石头平均重2.5吨，最大的重达160吨。胡夫金字塔内部的通道对外开放，该通道设计精巧，计算精密，

令世人赞叹。

阶梯金字塔

它是先用石块砌成高约 8 米，边长 63 米的坟堆。之后又不断改变计划，将坟堆设计成重叠式的，即一层接一层地往上加建，逐层缩小，一直加至第六层。之后，这个庞然大物又被精致的白色石灰包起来。竣工时金字塔全高达 62 米，底部东西长约 121 米，南北约 109 米，它是古埃及最早的六级梯形金字塔。左塞死后就葬在这座金字塔下面。

弯曲金字塔

它约建于公元前 26 年，位于距离开罗西南 27 千米处的萨卡拉地区，是埃及第四王朝第一位法老萨夫罗在位时期修建的。底部为边长约 189 米的正方形，高约 105 米。其特别之处在于，塔身在超过一半高度的时候，角度发生变化，倾角由下半部的 52 度向内弯折成 43.5 度，这样金字塔四面看起来是弯曲的。

知识拓展

古埃及法老被看作神的化身。他们为自己修建了巨大的陵墓金字塔，金字塔就成了法老权力的象征。因为这些巨大的陵墓外形形似汉字的“金”字，因此我们将其称为“金字塔”。

3 金字塔与天文有关

胡夫、卡弗尔和孟考尔的金字塔与构成猎户座腰带的恒星完美地排列在一起。是的，这三颗星：阿尔尼塔克、阿尼拉姆和明塔卡都是公认的。没有人知道原因。巧合的是，这三座金字塔的东南角是对齐的。古埃及人是如何使这些巨大的结构彼此对齐，而且与天空中星星的位置保持一致的呢？而且猎户座腰带的概念是在金字塔建成两千年后才有的。

对方向的认知，古埃及人能比现代的我们更精确吗？金字塔被发现指向北方，但不只是指向北方的大方向，而是指向真正的磁北，这比格林尼治的皇家天文台还要精确。格林尼治皇家天文台创建于 1675 年。古埃及人是怎么做到的呢？古埃及的钟与我们的钟相比会精确多少？

不仅如此，科学家们通过调查发现，金字塔有非常好的保鲜效果，无论是鲜肉、牛奶还是水果，放在金字塔里很长时间也不会坏掉。胡夫金字塔所有的数据都与天文地理的数字有关，金字塔的底部周长如果除以其高度的两倍，得到的商为 3.14159，也就是圆周率。

金字塔塔高乘以 10 亿刚好等于地球与太阳的距离。子午线从大金塔中心穿过，正好把陆地和海洋一分为二。金字塔自重乘以 10 的 15 次方，又刚好是地球的自重。而当你精神萎靡，疲惫不堪的时候，在金字塔中待上几个小时你便会精神焕发，气力倍增。金字塔的神奇之处远远不止于此。金字塔建立至今已经数千年，饱经风霜仍然屹立不倒，也是人们津津乐道的奇迹。

知识拓展

格林尼治标准时间是指位于英国伦敦郊区的皇家格林尼治天文台的标准时间，因为本初子午线被定义为通过那里的经线。理论上来说，格林尼治标准时间的正午是指当太阳横穿格林尼治子午线时的时间。由于地球在它的椭圆轨道里的运动速度不均匀，这个时刻可能和实际的太阳时相差 16 分钟。

4 狮身人面像

金字塔周围有很多被称为墓地或死亡之城的小陵墓以及宗教建筑，比如祭祀国王的庙宇，负责管理这些不同寺庙的人就住在更小的建筑里。当然，我们也不要忘记吉萨的狮身人面像。

狮身人面像，位于埃及吉萨的金字塔墓区，其头像部分有一种说法是古埃及法老哈夫拉按自己的肖像塑造的，也有观点认为是雷吉德夫根据父亲胡夫的肖像建造的。

就像金字塔一样，吉萨的狮身人面像也是一个谜，也许比金字塔更神秘。现在没人知道是谁建造了狮身人面像。

狮身人面像高 20 米、长 57 米，算上两个前爪，全长 72 米。面部长约 5 米、

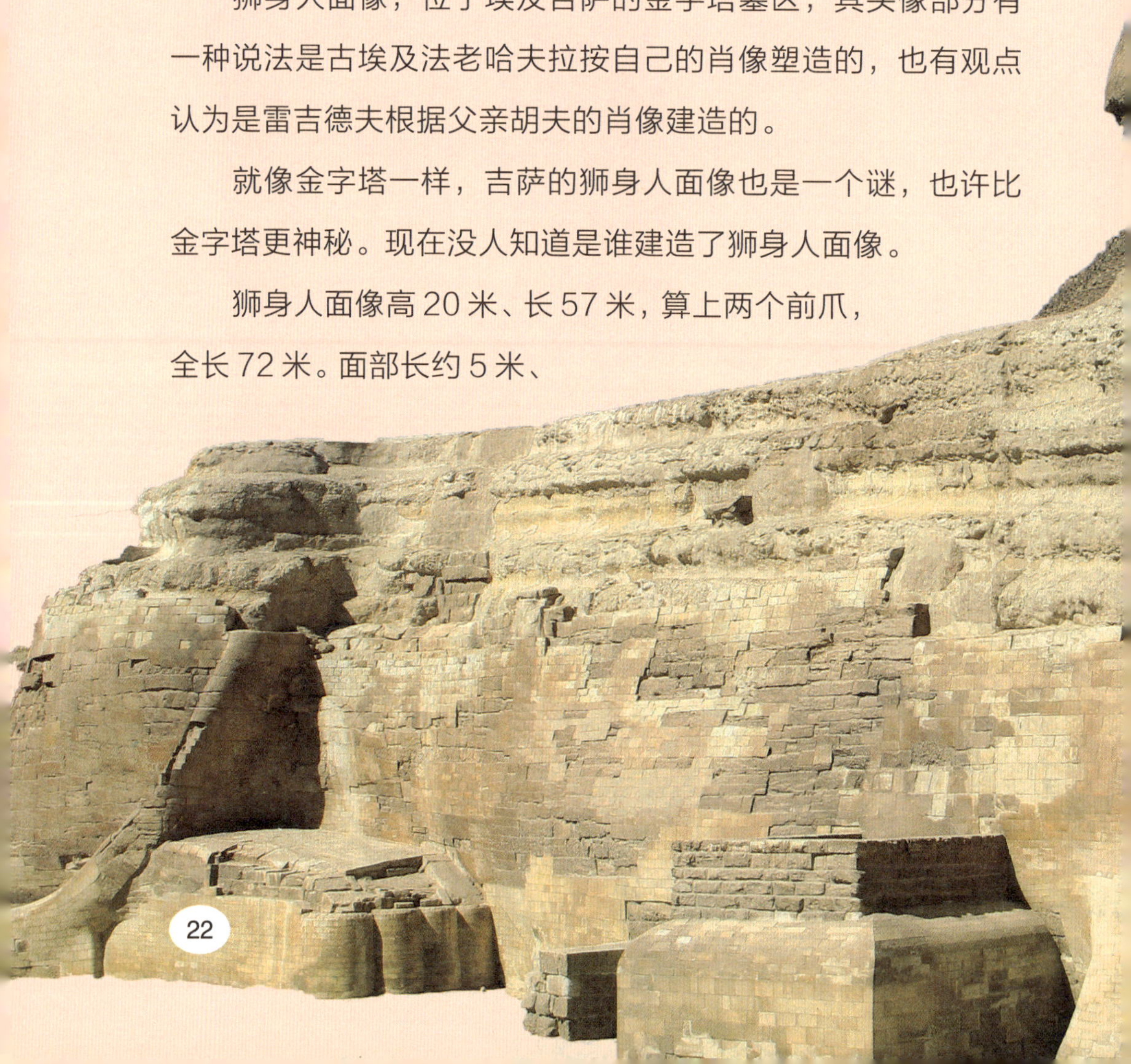

宽 4.7 米，鼻子长 1.71 米，嘴大 2.3 米。它头戴奈姆斯皇冠，两耳侧有扇状的那姆斯头巾下垂，前额上刻着库伯拉圣蛇浮雕，下颌有帝王的标志——下垂的长须，脖子上围着项圈，鹰的羽毛图案装扮着狮身。

一些人认为狮身人面像是由卡弗雷建造的，他还创造了第二大金字塔，这意味着雕像是在公元前 2500 年左右建造的。其他学者认为狮身人面像比卡弗雷古老，是由他的父亲胡夫建造的。一些学者甚至认为狮身人面像比胡夫更古老，因为它的脸显示出受过水的侵蚀，有可能是在古埃及见证了大量降雨的时代建造的，即公元前 6000 年左右。狮身人面像和金字塔在阿斯旺大坝建成之

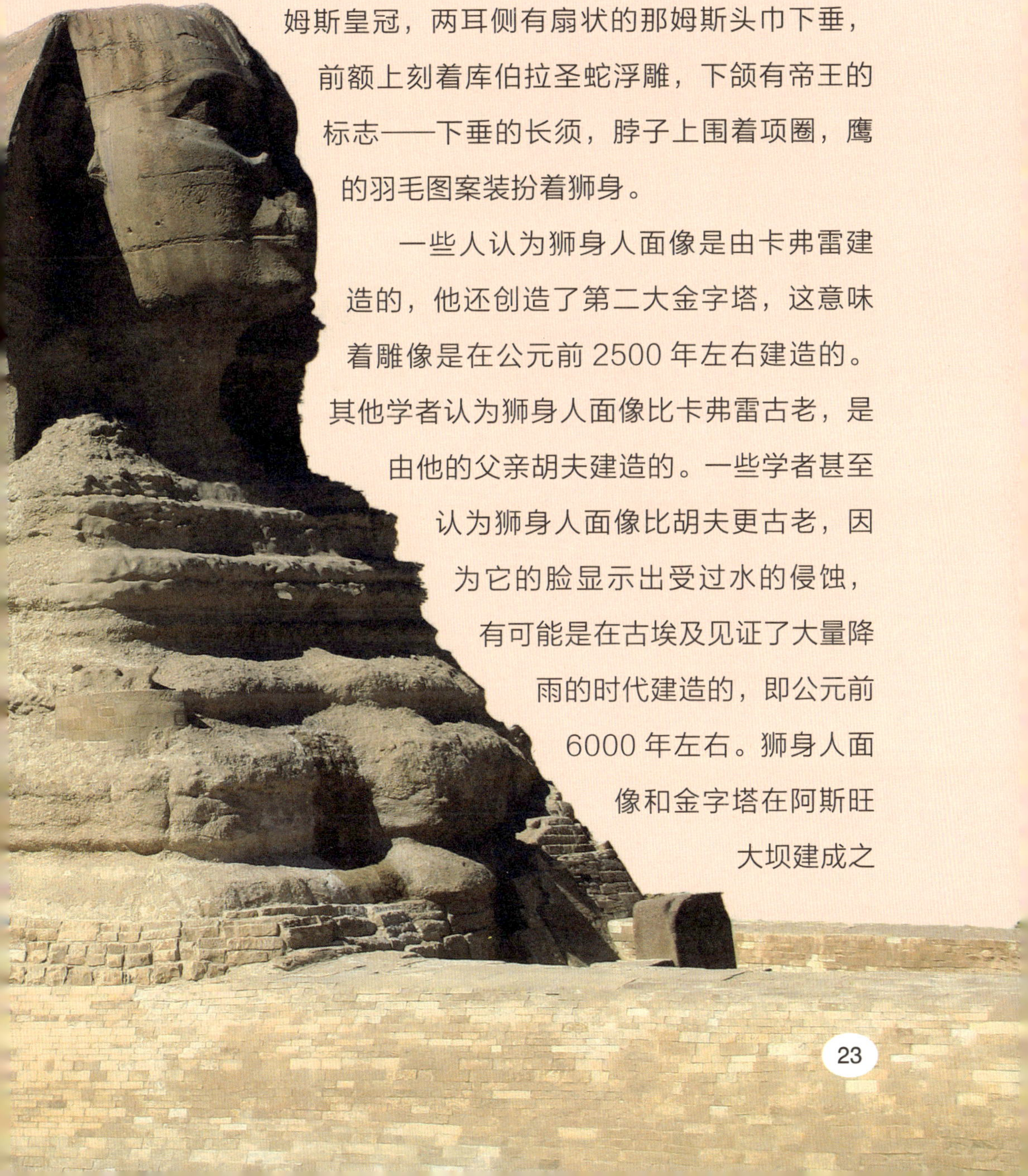

前每年都会被洪水淹没。

狮身人面像的种种推测都是我们想象出来的，为什么建造它，建造它的人是谁都缺乏有力的证据，并不能让人信服。狮身人面像的秘密到底是怎样的，我们至今仍然无法知晓。

知识拓展

胡夫是古埃及王国第四王朝第二位法老，是法老斯尼夫鲁和妻子赫特弗瑞丝的儿子，赫特弗瑞丝的父亲是第三王朝的最后一位法老。

三　古埃及的文化信仰

古埃及人的文化信仰是古埃及人的思想、道德、观念、信仰的反映，贯穿于古埃及社会的各个领域，是古埃及文化的重要组成部分。古埃及文化植根于远古的史前时代。史前的埃及人，由于对复杂纷纭的自然现象无法解释，便认为世界万物，几乎全部具有神秘的超乎人类的力量，于是便把这一切当作神灵来崇拜，产生了原始的文化信仰。

1 神秘的木乃伊

关于木乃伊的传说有很多，其中最有名的当然是古埃及木乃伊。你有没有想过第一具木乃伊是怎么来的？在古埃及，流传着一个动人的神话传说，说的就是第一具木乃伊的由来。

很久很久以前，地神塞布的儿子奥西里斯很有本事。他教会了人们从事农业生产，如种地、做面包、酿酒、开矿，给人们带来了幸福。因此，人们很崇拜他，把他视作尼罗河神，相信人们的生命就是他给予的。他有一个弟弟叫塞特，心存不善，阴谋杀害哥哥，夺取王位。

有一天，塞特请哥哥共进晚餐，还找了许多人作陪。进餐时，塞特指着一只美丽的大箱子对大家说：“谁能躺进这个箱子，就把它送给谁。”奥西里斯在众人的怂恿下，当着大家的面试了一试。但他一躺进去，塞特就关闭了箱子，上了锁，把他扔到尼罗河里去了。

奥西里斯被害以后，他的

妻子女神伊西斯到处寻找，终于找回了尸体。不料，这件事被塞特知道了。他半夜里又偷走了尸体，把它剖成 48 块，扔在不同的地方。伊西斯又从各个不同的地方找到奥西里斯尸体的碎块，就地埋葬了。

后来，奥西里斯的遗腹子荷鲁斯出生了。他从小就很勇敢，长大成人后，打败了塞特，替父亲报了仇，并继承了人间的王位。他把父亲尸体的碎块从各地挖出来，拼凑在一起，做成了干尸木乃伊，又在神的帮助下，使他的父亲复活了。

奥西里斯的复活不是在人世间的复活，而是在阴间的复活。在另一个世界，他做了主宰，专门负责对死人的审判，并保护人间的法老。

这个神话故事先是在民间流传。后来，埃及法老听到了，便利用它来欺骗人民，说法老有神的帮助，因此法老活着时是统治者，死后还是统治者。谁要是反对法老，那么他活着时会受到惩罚，死后也不能顺利通过奥西里斯的阴间审判。

此后，每一位埃及法老死后，都要把奥西里斯的神话表演一番。第一步是举行寻尸仪式。第二步是举行洁身仪式，即把尸体解剖，取出内脏和骨髓，制成干尸木乃伊。具体方法是，先把尸体浸在一种防腐液里，溶去油脂，洗掉表皮。40 天后，把尸体取出晾干，在腔内填入香料，外面涂上树胶，以免尸体接触空气和细菌，然后用布把尸体严密包裹起来。

第三步是诵念咒法，为木乃伊开眼、开鼻、开耳、开口，把食物塞进它的嘴里。据说，这样木乃伊就能像活人一样呼吸、说话、吃饭了。最后是埋葬仪式，把木乃伊装入石棺，送进他们生前为自己经营的“永恒住所”——坟墓里去。

知识拓展

古埃及人还将猫等动物制作成木乃伊，考古学家曾在尼罗河畔一座神庙里发现30万个猫木乃伊，制作这些动物木乃伊用的材料和工序几乎和人木乃伊相同。

因为古埃及人笃信人死后，其灵魂不会消亡，仍会依附在尸体或雕像上，所以法老死后，都被制成木乃伊，向往永生。从旧石器时代开始，古埃及人就恐惧死亡，相信来世的存在或多或少能摆脱这种恐惧。因此，当时的人们在埋葬死者时就进行了精心的准备。

2 象征着永生的圣甲虫

考古学家在出土的古埃及文物和壁画中发现很多圣甲虫的图腾，圣甲虫在古埃及神话中代表太阳，是太阳神的化身。其实，圣甲虫就是中国的屎壳郎。为什么圣甲虫是古埃及的图腾呢？

在古埃及，圣甲虫代表着创造和重生，因为古埃及人认为，圣甲虫不用通过雌雄结合就能繁殖后代，其实这只是古埃及人的偏见。他们只看到圣甲虫从粪便中孵化出来，而不知道它们是受过精的雌甲虫的卵孵化出来的。这对于那时的古埃及人来说是一种神迹，所以他们将圣甲虫作为他们信仰的神来崇拜。

古埃及人崇拜圣甲虫，还有另外一个重要原因，就是圣甲虫在制作粪球时，其后脚会推动粪球向太阳的方向移动。在古代，太阳是一个神秘的存在，对于太阳，人们将其视作照亮大地的神明，凡是和太阳有联系的事物，都会受到人们的敬仰。圣甲虫向着太阳方向推粪球的行为，在古埃及人的眼中，在一定程度上像极了太阳东升西落，所以，古埃及人将圣甲虫视为一种信仰。

圣甲虫象征着复活和永生，可以保护人们免遭邪恶和各种疾病。因此，古埃及人无论生前还是死后都会佩戴圣甲虫图腾的装饰，他们相信圣甲虫能保护自己的灵魂不被吃掉。而这一习惯一直延续至今。

知识拓展

图腾的意思是古代原始部落信仰某种自然或有血缘关系的亲属、祖先、保护神等，而把它们用来作本氏族的徽号或象征。原始部落对大自然的崇拜是图腾产生的基础，运用图腾解释神话、古典记载及民俗民风，是人类历史上最早的一种文化现象。

3 贝努鸟寓意着重生

根据古埃及神话，贝努鸟是一种自我创造的神物，又叫紫色的苍鹭。古埃及人把它视为太阳神的象征。贝努在古埃及的意思为棕榈树，而棕榈树是古埃及的圣树。在赫利奥波利斯的太阳神庙中有这种太阳鸟的标志。由于贝努鸟会死而复生，因此它们也常常被视为埃及之王、冥神奥西里斯的象征。

贝努鸟从神庙圣域中的一棵圣树所燃烧的火焰中创造了它自己。其他的版本则说贝努鸟是从奥西里斯的心脏破壳而出的。贝努鸟被认为在一根名为奔奔石的圣柱上歇息。埃及祭司们会向这位把这里当作地上最神圣之处的访客展示这根圣柱。就像中国神话中的凤凰一样，贝努鸟有着金红色的羽毛，被当做太阳之城的圣鸟。

贝努鸟被画成一只有着长喙、戴着双羽饰冠的灰色、紫色、蓝色或白色的苍鹭。偶尔贝努鸟也会被描绘成一只黄鹡鸰或一只有着红色与金色羽毛的老鹰。在少数例子里，贝努鸟则被画成一个有苍鹭头的男子，在透明的大衣之下装扮成白色或蓝色的木乃伊样式。

贝努鸟被视为太阳神拉和冥王奥西里斯的化身，古埃及人认为贝努鸟诞生在圣树的火焰之中，意味着重生。它有时候歇息在奔奔石上，奔奔石代表太阳神拉；有时候停留在柳树上，柳树代表着冥王奥西里斯。

知识拓展

奥西里斯是古埃及神话中的冥王，也是植物、农业和丰饶之神。他生前是一位开明的法老，被自己的弟弟沙漠之神塞特用计杀死，之后被做成木乃伊复活，成为冥界的主宰和死亡判官，冥界之王。

4 圣蛇乌拉埃乌斯

在西方，很多古老的文明都把蛇当作自己的图腾，我们的华夏文明的图腾龙，也和蛇息息相关。

在很多古代的神话故事中，女娲也好，伏羲也好，他们都被形容为上半身是人，下半身是蛇的形象，为什么要以这种形象来展示呢？在古人的眼中，蛇会不会有什么特殊的能力？在现实生活中，蛇会在冬天冬眠，身体长大时会蜕皮，这是它们的习性。在冬眠的时候，蛇就像死去了一样，然而等到寒冬过去，蛇的复苏就如同重生一般。在蜕皮的时候，蛇会用尽全身力气去挣脱原来的躯壳，经过了这个阶段蛇就会长大一分，古代人们把这个过程看作重生。

所以蛇在古埃及被当作圣物，通常以剧毒的眼镜蛇形象出现，蛇也被古埃及人装饰在王冠或权杖上。圣蛇乌拉埃乌斯是由死者守护神，女神伊西斯为她的丈夫冥王奥西里斯赢得埃及王位而创造的，也是由大地上的尘土和太阳神的唾沫创造出来的。

圣蛇乌拉埃乌斯，是古埃及负责重生的神。古埃及的法老们在自己的金字塔里都开了一个气窗，这个气窗虽然有着通风的功能，但同时它还有另一个功能，那就是引导亡者灵魂指向一颗星星——那颗星星就是代表重生的圣蛇乌拉埃乌斯！

乌拉埃乌斯后来成为古埃及蛇神——瓦吉特女神的代表，

知识拓展

瓦吉特原本是德普当地的古代女神，德普即后来的帕尔—瓦吉特的一部分，是古埃及前王朝时期的一个重要城市，也是古埃及人自旧石器时代至公元前3100年一万年间的发展种植的地方。瓦吉特一直是下埃及的守护神，后来上下埃及统一后，便与上埃及的秃鹫女神奈赫贝特一起成为古埃及的守护神。瓦吉特盘绕太阳的形象名为神圣的毒蛇，是下埃及王冠的象徵。

蛇神瓦吉特也是古埃及的守护神，其形象为蛇首人身，就像中国神话中的女娲。圣蛇乌拉埃乌斯同样被装饰在法老的王冠上，成为法老的保护神之一。

5 猎鹰寓意天空之神

从古埃及法老时代起，鹰就被作为王室的标志。我们仔细观察鹰的形态，就会发现，鹰不但具有极强的飞翔能力，能在空中长时间盘旋，而且还能从高空俯冲到地面捕食，它的迅猛是其他飞禽所不能及的。同时，它是天空中个体最大的鸟禽，具有强大的力量，能用双爪在空中运送庞大的猎物。所以古埃及人羡慕这种具有无与伦比的飞行能力和捕食力量的天空霸主。

古埃及有翅膀的太阳盘是太阳神的一个象征，在这种图形中，太阳神被确信为会飞的能穿越天空的猎鹰。所以他们将猎鹰与天空之神荷鲁斯和太阳神拉联系在一起，太阳神拉通常被认为本体就是猎鹰。猎鹰是神圣王权的重要象征。这种形象经常出现在古埃及的书里和壁画之中，猎鹰是空中之王，被认为是众神之神。天空之神荷鲁斯也被描绘为鹰头人身，能看见所有事物，他的一只眼睛是太阳，一只眼睛是月亮。

在埃及神话中，荷鲁斯是古埃及神话中冥界之奥西里斯与自己的妹妹伊西斯这位女神所生养的儿子。当其父被邪恶的另外一位神明塞特杀死后，荷鲁斯亲自杀死了自己的杀父仇人，成为当时的埃及统治者。

在这场报仇的战役中，荷鲁斯付出的代价就是失去了自己的左眼，不过这只带有神力的眼睛可不是消亡没有了，而是在当时广袤的埃及国土上进行一场旅行。这只带有神力的眼睛在这段时间获得了丰富的智慧后，又回到了荷鲁斯的身边。而荷

鲁斯的左眼也被智慧之神托特治好，称为“瓦吉特”，意思是变成健全的东西。

因为鹰和荷鲁斯被联系在一起，所以鹰也是守护神与王权的象征。

知识拓展

塞特是古埃及神话中的力量、战争、沙漠、风暴和外国之神。他是盖布与努特的第二个儿子，奈芙蒂斯的丈夫，阿努比斯的父亲，曾用计杀死自己的哥哥奥西里斯，后被侄子荷鲁斯击杀。

6 荷鲁斯之眼

荷鲁斯之眼，顾名思义，是天空之神荷鲁斯的眼睛，具有神圣的含义，代表着神明的庇佑和至高无上的王权。古埃及人相信荷鲁斯之眼能在他们复活重生时发挥重要作用。

在埃及法老图坦卡门的木乃伊上就绘有荷鲁斯之眼，荷鲁斯之眼代表着太阳和月亮，当荷鲁斯睁开眼睛的时候他将光明洒满整个宇宙，当他闭上眼睛时黑暗开始降临。这个桥段是不是让你想起中国《山海经》神话中的烛龙呢，烛龙的眼睛一睁一闭，即为白昼和黑夜。

传说中，它的来历与荷鲁斯为父报仇有关。奥西里斯与伊西斯之子荷鲁斯长大成人后，在与杀父仇人塞特的搏斗中，荷鲁斯的左眼被塞特夺走了。他的眼睛非同寻常，因为他的左眼代表的是月亮，右眼代表的是太阳。左眼被夺走了，月亮神孔斯自然要出手相助。在一个月圆之时，荷鲁斯在月亮神的帮助下，经过殊死搏斗，终于打败了塞特，将左眼夺回。后来，荷鲁斯将这只失而复得的眼睛献给了父亲——冥神奥西里斯。再后来，荷鲁斯之眼就成为辨别善恶、捍卫健康与幸福的护身符。

在古埃及，荷鲁斯之眼作为葬礼护身符，同生命之符一样，它经常被描绘在死者的棺椁上，它保护死者在地下通往永生的路上不受伤害；同时荷鲁斯之眼也代表着死后在地下世界对身体进行的修复和保护。

有趣的是，荷鲁斯之眼不仅是一个神奇的护身符，也是古埃及人获得数学知识的一个案例。在神话中，塞特将荷鲁斯的眼睛撕成六部分。作为一种象征，荷鲁斯之眼每个部分都有一个分数测量单位——右眼是 1/2，瞳孔是 1/4，眉毛是 1/8，左眼是 1/16，弯曲的尾巴是 1/32，泪滴是 1/64。这些分数加起来是 63/64，而缺失的部分据说代表塞特的魔力。

知识拓展

烛龙，又名烛阴、烛九阴、逴龙、火精，中国古代神话中的神兽，开眼为昼，闭眼为夜。据《山海经·大荒北经》记载，烛龙是章尾山之神，人面蛇身，浑身红色，眼睛竖着长。

四　古埃及的食物

1 古埃及面包和啤酒

面包

说到古埃及的食物，面包和啤酒是必须首先被提及的，因为这是古埃及人的两大主食。

上至法老和神职人员，下到工人和农民，每个人每天都必须吃这两样食物。当然，位高权重的人吃的面包和啤酒质量都更有保障一些。

缺水使得古埃及大部分地区难以种植庄稼和饲养动物，但是由于每年夏天尼罗河的泛滥淹没了两边低洼的平原，水位平均上涨 8 米左右，黑色的淤泥沉积在周围地区，使得纵穿古埃及的尼罗河流域成为古代世界最肥沃的地区之一。

在这片肥沃的洪泛平原，大麦和小麦被广泛种植。

当洪水在 9 月中旬开始退去时，农民们堵住运河以储存水源，利用一种名叫“沙朵夫”的机械灌溉装置，把水从运河里输送到农田中来浇灌作物。

沙朵夫现在在埃及比较偏远的农村地区还能见到，一些绿洲里也还在使用。

小麦和大麦都可以被用来做成面包，成为古代埃及人（不论贫富）的主要食物之一。

做面包是每天必须的一项工作，通常由妇女来承担。

做面包的工序无非就是磨粉，揉面团，发酵，放入烤箱烤制。不过随着时间推移，烘烤工艺不断被改进。

在古王国时期，人们把面团填入陶罐模具中，埋入火堆余烬里烘烤；在中王国时期，人们使用高筒形的模具在方形的烤炉上烘烤；到新王国时期，

人们开始使用一种新型的、用厚土砖和砂浆包裹的圆柱形敞顶烤炉，烘烤时将面团拍在烤炉内壁上，烤制完成后面包会自然脱落。

新王国时期的墓穴壁画中展现了许多不同造型和大小的面包，其中有些被制成人物、鱼类、各种动物的形状，表面饰有不同花纹。

值得一提的是，受加工条件的限制，古埃及人为了做面包，把谷物磨成面粉的时候通常都会不小心掺入沙粒、石子，这导致几乎所有的古埃及人都没有一口好牙。

像粥一样的啤酒

在古代埃及，啤酒是营养的主要来源，是古埃及饮食中非常重要的一部分，甚至有时候还会被当作货币来使用。

与欧洲啤酒不同的是，它非常浓稠而且浑浊，有泡沫，含有大量的固体物质，营养丰富，比较容易让人联想起现在的粥。

古埃及人的啤酒最早可能是利用吃剩的面包发酵而成，后来出现了专门用来酿酒的面包，考古学家赋予了它一个名字叫作“啤酒面包”。

这种“啤酒面包”里的酵母成分和普通面包相比要更多，并且有可能在酿酒过程中加入了椰枣或者蜂蜜调味。

古埃及啤酒酒精含量很低，为避免变质，酿制完成后必须尽快饮用，因此需要每天现酿现饮。

古埃及制作啤酒的过程如下：首先烘烤一个“啤酒面包”，这个面包必须充分发酵、轻微烘烤以免杀死酵母，然后酿酒者将其用筛子破碎成碎片，在水缸里用水浸湿后静置发酵。

它的味道可能会令人作呕，但营养丰富，所以为了健康，啤酒是人们都会饮用的重要饮料。

喝这种饮料极有可能不仅是为了娱乐，而是出于生存需

要。因为那时的人们认为尼罗河的水已经不那么干净和安全，不能让人们直接饮用。

不过，富有的人可能还会享受其他高级的酒，比如葡萄酒或者由石榴、李子等其他水果酿成的酒。

知识拓展

古埃及人可能是最早不在野外寻找野蜂蜜的人，他们会在自制的蜂箱（多为陶制）中饲养蜜蜂以获取蜂蜜。他们很早就认识到蜂蜜的诸多益处。在漫长的没有糖的年代里，蜂蜜是他们最佳的甜味剂。蜂蜜味道好，可是超级贵，因此穷人们只能用椰枣之类的来代替。在古埃及医学记载中，蜂蜜还被用作伤口感染的预防和治疗。

2 尼罗河对美食还有什么贡献

古埃及作为一个炎热的沙漠国家，他们的食物的多样性是令人意外的。

虽然尼罗河对于古埃及人来说，可能已经不是理想的饮用水源了。但正如开头所说的，由于每年的洪水泛滥，这片土地变得肥沃起来。这样就有了种植各种作物的根本条件，这些作物是古埃及饮食的一部分。

除了前面提到的大麦和小麦，古埃及人还种植了许多种类的蔬菜，其中最受欢迎的包括洋葱、大蒜、韭菜、芹菜、生菜、萝卜、扁豆及其他豆类等。此外，还有无花果、椰枣、苹果和石榴等水果。

蔬菜是作为面包和啤酒的补充而食用的，而水果则是甜点的一部分。

需要补充说明的一点，尽管所有土地都是由农民来负责耕种的，但土地是属于国王、官员和寺庙的。

种地的农民是佃农，必须以类似税收方式定期上缴一定的粮食给土地的所有者，剩下的才被允许保留以供自己及家人生存食用。如果他们交的不够数，将会受到古埃及地主严厉的惩罚。

知识拓展

最早发现鹅肝美味的居然是古埃及人！他们在雕刻石头堆金字塔之余，意外发现秋天准备迁徙的野鹅为了保存能量胡吃海塞，形成了脂肪肝，而这脂肪肝异常的美味。凯撒大帝在埃及尝到了这一美味，惊为天菜，高高兴兴把它带回了罗马，然后鹅肝就此成为罗马上流社会的专属美味。后来的法国路易十六把它发扬光大。

3 丰富的野生动物

古埃及的皇室和贵族从尼罗河捕猎牛、绵羊、山羊、野猪甚至河马，还有各种各样的鱼，比如鲈鱼、鲇鱼、罗非鱼等，以及禽类，比如鹅、鸭子、鸽子和鹌鹑等。

牛肉、猪肉等普遍比较昂贵，大部分是供应给皇家食用，只有在特殊庆典或仪式的时候，平民才有可能尝到。

而生活在底层的穷人的肉食来源是禽类和鱼，因为它们体型较小，相对容易被捕猎到。尽管可以捕猎禽类和鱼类，对穷人们来说，肉食仍然被认为是一种奢侈的食物，只有极偶尔的特殊场合才会出现在穷人的餐桌上。

之前由于埃及壁画、浮雕里有大量的捕鱼情景，很多人认为古埃及人大量食用鱼类。但这项研究发现，这批研究对象的食物里虽然有鱼类，但比例小得可怜，甚至可以忽略不计。所以，有可能大多数时候穷人都是吃素。

知识拓展

奶酪是古埃及的另一种主食。在萨卡拉的陶罐里发现了奶酪的残留物，这说明5000年前，在古埃及的第一王朝，人们已经在做奶酪了。奶酪多年来一直保留在埃及人的饮食中。

有记载，对于古埃及的祭司及僧侣、法老及皇室成员，有宗教禁忌禁止他们吃鱼，并且建议普通老百姓在进入寺庙之前戒鱼，还要求焚香沐浴。

大概是因为每一种鱼都被认为是埃及

万神殿中一位神仙的化身，神可以在任何时刻以任何形式显灵，表达他的旨意。

也有人认为，祭司和法老之所以不能吃鱼，是因为鱼代表下层人民的食物，不能登大雅之堂。

4 食物有了，怎么做

对于古埃及人的烹饪方式，我们知之甚少，因为记载中并没有食谱保存下来。

然而，根据在坟墓中发现的器皿及器皿中的残留物，还有壁画和浮雕等艺术形式中对于烹饪场景的描绘，我们可以猜测出，古埃及人的烹饪方式有炖、煮、煎、烤、烘和炸。

为了让食物更美味，古埃及人在烹饪过程中使用了盐、孜然、胡椒、香菜和肉桂等调味

品，还添加了蜂蜜、长角豆、椰枣、葡萄和无花果作为甜味剂。

蜂蜜价格非常昂贵，香料只能依靠贸易进口才能获得，价格更是居高不下，如果谁家的饭食里加了这两样东西，这一定是个有钱的人家！

知识拓展

埃及艳后吃什么我们是没法知道了，但我们可以知道的是她非常浪费食物，食物都被她涂到身上、头上了，比如橄榄油、牛奶、驴奶、蜂蜜、鸡蛋、芦荟。

他们的所有烹饪过程都是在地板上进行的，因为埃及的厨房里是没有桌子的。

有些食物，比如肉类、禽类，如果不能马上吃掉，会在烘干和腌制以后储存起来。还有葡萄，也被烘干成了葡萄干。

古埃及人很早就认识到烘干和腌制的食物有助于长期保存。对于军队来说，烘干和腌制的食物对长途军事行动也是很方便的。

5 饭做好了，怎么吃

埃及人一天吃多少顿饭，没有多少资料来详细描述。

从被发现的一些壁画和浮雕上来看，穷人们大多数时候可能在上午吃一顿面包加啤酒或许有些洋葱的早餐，然后在下午的时候吃一顿和早上基本一样再加些其他蔬菜水果的主餐，偶尔吃点鱼和禽类肉食，打打牙祭。

而贵族们吃得很好，每天可能吃三顿饭，包括一顿早餐，一顿丰盛的午餐，晚些时候再吃一顿晚餐。并且每餐都有蔬菜、肉和谷物，还有葡萄酒和乳制品，如黄油和奶酪。

祭司和皇室成员吃得更好。这一点从他们的墓葬里就能看得出来，墓葬里有用蜂蜜烤制的野羚羊肉、烤鸭肉、石榴和椰枣，甜品是蜂蜜蛋糕，这些应该也是他们生前经常在宴会上食用的

东西。

从古王国时期到新王国时期的壁画中得知，古埃及人的宴会常常在下午开始。

夫妻们通常坐在一起，单身的男女宾客按性别分开就座，座次按照社会地位而定。

坐在椅子上的客人地位较高，坐在凳子上的次之，地位最低的客人则席地而坐。

在食物上桌之前，宴会上会提供洗手盆，并点燃各种不同类型的香水或香脂释放香气，用来愉悦宾客或驱赶蚊虫。

在宴会上会分发莲花和花环，有职业舞者（通常为女性）和演奏竖琴、琉特琴、鼓、铃鼓和拍板的乐师为宴会助兴。

最重要的是，女仆们会带着一大罐酒在席间走动，替主人们把空杯子装满。

除了足量的酒类，宴会通常还会准备品种丰富的食物，包括烤全牛、烤鸭、烤鹅、烤鸽子和时令的鱼类，还有炖肉、大量的面包、新鲜的蔬果。

甜点通常是加了椰枣和蜂蜜的蛋糕。女神哈托尔常常成为在酒席间敬祝的对象。

知识拓展

古埃及人并不是唯一吃奇怪东西的人，在后来17世纪的欧洲，人们相信磨碎了的木乃伊粉是万灵丹，能治百病，于是无数木乃伊就这样被欧洲人吃掉了，到后来甚至供不应求，出现很多作假的情况。

DADADADA 吧嗒吧嗒

穿越时空
轻松解锁
古文明

图解古中国

华夏文明博大精深、源远流长，
古人的智慧结晶引领我们创造未来。

彭剑峰 著

航空工业出版社

穿越时空
轻松解锁
古文明

图解古中国

彭剑峰 著

航空工业出版社
北京

内容提要

古文明是现代文明的基石，它以璀璨的成果和梦幻般的神秘色彩，让无数人为之着迷。《穿越时空，轻松解锁古文明》面向青少年读者讲解古文明发展脉络及兴衰过程，分别是《图解古中国》《图解古埃及》《图解古希腊》《图解古罗马》《图解古波斯》《图解古阿兹特克》6 册，讲述各大文明妙趣横生的传奇故事、名胜古迹、文化贡献和风俗习惯，是广大青少年读者学习古文明、汲取精神财富的好帮手。

图书在版编目（CIP）数据

穿越时空，轻松解锁古文明 . 图解古中国 / 彭剑峰著 . -- 北京 : 航空工业出版社 , 2022. 5（2023.11 重印）

ISBN 978-7-5165-2966-9

Ⅰ . ①穿… Ⅱ . ①彭… Ⅲ . ①世界史 – 古代史 – 青少年读物②中国历史 – 古代史 – 青少年读物 Ⅳ . ① K12–49 ② K220.9

中国版本图书馆 CIP 数据核字 (2022) 第 067092 号

穿越时空，轻松解锁古文明 · 图解古中国

Chuanyue Shikong，Qingsong Jiesuo Guwenming · Tujie Guzhongguo

航空工业出版社出版发行

（北京市朝阳区京顺路 5 号曙光大厦 C 座四层　100028）

发行部电话：010–85672688　010–85672689

三河市金兆印刷装订有限公司印刷　　全国各地新华书店经售

2022 年 5 月第 1 版　　2023 年 11 月第 2 次印刷

开本：710 × 915　1 / 16　　字数：45 千字

印张：4　　定价：128.00 元（全 6 册）

简介

作为四大文明古国之一的中国，华夏文明璀璨夺目，源远流长。无论衣、食、住、行还是思想文化各个领域，无不透露着中华民族的智慧和美，对我们世世代代的华夏子孙产生了深远的影响。本书图文并茂地展示了古代中国神秘的亭台楼阁建筑美、服饰美和餐桌文化等诸多方面，为小朋友们推开了一扇探索中国古代奥秘的文化之窗。

目录

三

那些了不起的人，我们都在学习他们的思想

四

古代建筑

五

古中国餐桌文化

一　华夏文明，从8000年前就开始了

其实，我们的祖先在8000年前，就开始了文明之旅，一直到今天，我们都在享受祖先给我们留下的文明，文明让我们懂得了谦卑、礼让、有诚信、有智慧……今天我们一起去看看8000年前的中国吧。

1 游牧变成农耕，文明跨越了一大步

很早以前，大概是8000年前，我们祖先跟我们的生活方式是不一样的，古人以游牧的方式生活，他们走到哪里就居住在哪里。后来，有人定居在一个地方，以农耕的方式生活，觉得这样挺好的，于是越来越多的人也选择农耕方式，开始定居

生活，我们的华夏文明从此开始了新的篇章。

当人们选择定居方式生活之后，在华夏大地上开始了红红火火的农耕生活，这个社会形成了以农业为主的社会形态，人们的物质条件得到了很大的改善。当时，这种生活方式产生了世界上第一种文明方式，那就是农耕文明。

随着农耕文明的出现，社会上出现了几个有意思的现象：人们都提倡我为人人、与人为善的价值观，强调集体内的互帮互助，再也不是以前游牧社会时期那种各顾各的生活方式了。

有了集体生活的观念后，逐渐产生了集体的首领和集体的制度管理方法，最后产生了国家。我们国家就是在农耕文明时期产生的，一直到今天，都没有被外来的敌人所打倒。

知识拓展

现在我们国家还有很多地区是以农业生活为主。比如农村，就是以农业为主，那里的人们每天的工作就是农业耕种，种出来的农作物除了自己食用之外，还可以拿到集市卖。

2 黄河流域创造了大地湾文化

农耕社会出现后，在黄河流域出现了一种很独特的文化，我们叫它大地湾文化，是一种以黍和粟为主导的旱作农业经济。人们第一次获得了相对来说较为充沛的食物，物质生活更加丰富。

大地湾文化的遗址在甘肃省天水市秦安县东北 45 千米处的五营乡邵店村东侧。考古学家通过对这个文明遗址的研究，发现了很多关于华夏文明的秘密。比如，考古学家发现 8000 年前的祖先们已经学会了制作陶瓷。

那时候我们的祖先已经学会耕种，主要的农作物是黍（俗称糜子），那时候的糜子比现在的糜子要小。在当时技术那么落后的情况下，我们的祖先已经掌握了农作物种植技术，已经很了不起了。

科学家还发现，我们的祖先很早就已经开始种植禾本科的黍和十字花科的油菜，其中黍的年代距今约 7000 多年，是中国同类作物中年代最早的标本。这两种植物距今已有 7800 年左右。两种植物种子的出土毫无疑问地认定，以大地湾遗址为中心的河谷是中国农业文化的起源地之一。

在大地湾文化遗址中，科学家还发现

知识拓展

考古学家可以通过考古文物的研究，推断出古时候人们的生活习惯。所以在大地湾文化遗址里，科学家发现了农作物，还发现了陶瓷，以及陶瓷上的符号，这些都是反映当时人们生活状态的有力证据。

了大量带有符号的陶瓷，这证明那个时候我们的祖先已经开始使用文字了。也许，彩陶上的那些刻画符号，就是中国文字的起源，或是中国原始文字的孑遗。

3 黄河流域另一个文明——裴李岗文化

七八千年前的裴李岗文化诸氏族部落，就大多生活在靠近各个河流的岗丘上。这一带第四纪黄土广泛覆盖，尤其是豫东平原，黄河冲积的次生黄土非常有利于古代农业的发展。据气象学方面的研究，在距今 2500—8000 年的全新世中期，中原和华北地区的年平均气温比现在高得多，粟作农业的起源很可能就在这里。

距离现在 7000—8000 年前，我们的祖先已经开始在中原地区定居，从事以原始农业、手工业和家畜饲养业为主的氏族经济生产活动。科学家在裴李岗遗址发现，我们的祖先进入了以原始农业、畜禽饲养业和手工业生产为主，以渔猎业为辅的原始氏族社会。

科学家通过考古发现，那时候我们的祖先已经学会制作生产工具，主要以磨制石器为主。这些磨制石器制作很精致，其中以带锯齿刃石镰、长条形扁平的双弧刃石铲和鞋底形四足石磨盘（附磨棒）为典型，也有打制的刮削器等。

陶器以细泥红陶和夹砂粗红陶为主，均为手制，烧制温度较低，多素面，有少量磨光或饰以篦点纹。典型的器形是三足钵和半月形双耳壶。而当地文明是现时中国已知的最早期陶器文明。

裴李岗文化的典型遗址除裴李岗外，还有新郑的沙窝李、唐户村、新密莪沟、长葛岗河、临汝中山寨、许昌丁集、郏县水泉和巩县铁生沟等 40 余处。根据碳 14 测定的年代，裴李岗文化早于仰韶文化。

知识拓展

在人类文明初露曙光之际，裴李岗人已经具有非凡的能力，他们利用自己笨拙的双手和从猿向人类过渡时期极为有限的智慧，战胜恶劣的自然环境，建立起古老的氏族村落，并将他们所创造出的辉煌灿烂的古老文明，作为一份珍贵的厚礼馈赠给万世子孙。裴李岗文化是中原先民独自创造的伟大文明，它在中国古文明的发展进程中，无论是在科学、农业或者是文化、艺术等诸多方面都做出了巨大的贡献。

4 华夏族先民创造的仰韶文化

仰韶文化是一个以农业为主的文化，其村落有大有小，较大村落的房屋布局是这样的：周围有一条围沟，村落外有墓地和窑场，村落内的房屋主要有圆形或方形两种，早期的房屋以圆形单间居多，后期以方形多间居多。房屋是泥草混合形式，房屋的墙壁是泥做的，有用草混在里面的，也有用木头做骨架的。墙的外部多被裹草后点燃烧过，来加强其坚固度和耐水性。选址一般在河流两岸经长期侵蚀而形成的阶地上，或在两河汇流处较高而平坦的地方，这里土地肥美，有利于开展农业和畜牧活动，取水和交通也很方便。

仰韶文化处于原始的锄耕农业阶段，采用刀耕火种的方法和土地轮休的耕作方式，生产水平仍比较低下。早期阶段可用尖木棒等木质工具及石铲、石锄等挖掘土地。这时的石斧大多形体厚重，横断面呈椭圆形，适于砍伐林木以开垦荒地。收割农作物则用两侧有缺口的长方形石刀和陶刀。加工粮食使用石磨盘、石磨棒和木杵、石杵等。

仰韶文化时期，黄河中游各部落的采集和渔猎经济占有比较重要的地位。各氏族营地附近，都有大小河流和比较宽阔的水域，水产十分丰富，利于捕捞活动。当时的人们开始学会制作石、陶网坠和骨制鱼钩、鱼叉等工具，捕捞方法既有网捕，也有垂钓和投叉击刺。而狩猎主要是男子从事的活动，一般集体围猎较大和较凶猛的野兽。

知识拓展

仰韶文化是华夏族先民所创造的。考古工作者认为“华夏”一词中“华”的概念应该出自仰韶文化，被认为是汉族的远古先民的文化遗存之一。

仰韶文化时期，以物易物的交换形式已普遍存在，但商品经济的萌芽还没有产生。在各个部落里，氏族成员从事的生产劳动主要是以性别和年龄为分工的。手工业生产中的一些专业性技术，开始由氏族内部长期从事、积累了一定经验的成员掌握，但这些专业分工尚不十分明确和规范。当时的手工业生产，主要是制陶业和制石、制骨、制革、纺织、编织等。

5 龙山文化，迷人的陶艺技术

大概在 4000 年之前，我们的祖先就已经会烧制漂亮的陶瓷了，这段历史被我们称为龙山文化。

早期龙山文化的陶器以灰色为主，多为手制，口沿部分一般都经过慢轮修整，部分器物如罐类还采用器身、器底分别制成后再接合的“接底法”成型新工艺。灰陶的烧成温度约为 840℃。

早期龙山文化陶器的杯、敞口盆、折沿盆、敛口罐、尖底瓶等器形还保留、继承了仰韶文化的某些因素。这一时期陶器的纹饰以篮纹为主，有些陶器又在篮纹上面饰以数道甚至通身饰以若干道附加堆纹，主要是用来加固器身。

晚期龙山文化的陶器以灰陶器为主，红陶已占有一定比例，黑陶器数量有所增加。灰陶和红陶的烧成温度均达 1000℃。陶器仍以手制为主，但轮制技术革新得到了进一步发展，部分陶器已采用模制成型。主要器形有杯、盘、碗、盆、罐、鼎、甑、器盖、器座及新出现的鬲等。纹饰普遍以绳纹、篮纹为主，也有少量方格纹。

中国各地的汉族，从东北到广东，从东南客家到西北兰州，

其形象就和5000年前的古代中原人差不多。今天的汉族，就是古代中原人的直系后代，5000年来未发生过较大变化。

龙山文化，尤其是庙底沟遗址带有漂亮的玫瑰花图案的黑陶，被认为和“华一花”部族有关，而对光明的崇拜是这个部族的特征，被认为是古代华夏族的祖先源头之一。

知识拓展

我们的祖先，他们除了会用工具之外，还会制作各种各样的器皿，而这些器皿所用的工艺手法，就是陶艺。所以我们的祖先，在5000年前已经掌握了陶瓷的制作方法了。

二　古代服饰除了美，还有什么

古代服饰是多种多样的，每个朝代的服饰都不一样，它们不仅保暖，还很漂亮，而且不同的人穿不一样的衣服：当官有当官的衣服，平民有平民的衣服。我们一起去感受一下古代人的服饰吧！

1 古代服饰真的很美

古代人穿的衣服跟现代人穿的衣服是不一样的，从三皇五帝时期到明朝这一段时期汉民族所穿的服装，被称为汉服。在这几千年时间里，汉民族凭借自己的智慧，创造了绚丽多彩的汉服文化，发展形成了具有汉民族独具特色的服装体系——汉服。博大精深、体系完备、历史悠久的汉服，是中华民族不可多得的一大财富，值得每一位炎黄子孙引以为豪。

夏商和西周的服装都是采用上下两段的形制，上着衣，下穿裳，后世称服装为“衣裳”，便是源于此。其服饰的腰身和衣袖基本上设计为紧窄的样式，长度齐膝，便于活动。

不久，深衣和胡服开始推广。深衣是将过去上下不相连的衣裳连接在一起，所以叫深衣。它的下摆不开衩口，而是将衣襟接长，向后拥掩，即所谓“续衽钩边”。

到了秦朝，秦始皇深受阴阳五行学说影响，相信秦克周，应当是水克火，因为周朝是“火气胜金，色尚赤”，那么秦胜周就是水德，于是崇尚黑色。这样，在秦朝，黑色被尊为尊贵的颜色，衣饰也以黑色为时尚颜色了。

汉朝服饰是汉族传统的服饰，主要有袍、襜褕（直身的单衣）、襦（短衣）和裙，最有名的是留仙裙。汉代服饰的基本特征是交领、右衽、系带、宽袖，又以盘领、直领等为其有益补充，具有传承性、同一性、多样性、完备性和相融性的特色。

之后的几个朝代，服装的颜色和搭配都有所不同，但是基本上都是上下连体样式，看起来非常漂亮。比如，唐朝的服饰就很美。襦裙是隋唐妇女的主要服式。在隋代及初唐时期，妇女的短襦都用小袖，下着紧身长裙，裙腰高系，一般都在腰部以上，有的甚至系在腋下，并以丝带系扎，给人一种俏丽修长

的感觉。披帛，又称画帛，通常以轻薄的纱罗制成，上面印画图纹，长度一般为两米以上，用时将它披搭在肩上，并盘绕于两臂之间，走起路来不时飘舞，十分美观。

知识拓展

古代衣服很美，它们的颜色在各个朝代都不一样，而且每个朝代的审美也都不一样。在唐朝，当时的人以胖为美，所以唐朝的女性喜欢把自己吃得很胖，她们在穿着的时候，就喜欢把自己打扮成很胖的样子。

2 古代服饰是用什么做的

中国古代的衣服，用料是多样的，早期人们只会用麻布制作衣服，但是到了唐朝，古人发明了一种材料，叫蚕丝，制作出来的丝绸，远销到欧洲等地。

在新石器时代晚期，长江流域已最早使用了麻脱胶方法——沤渍法，商周时代又盛行于黄河流域。浙江钱山漾新石器时代遗址、河北藁城、北京平谷商墓、陕西宝鸡西周墓、江苏六合东周墓和湖南长沙战国楚墓出土的麻布，都可辨认出有脱胶的痕迹。

古代麻纺有搓法和绩法。原始的麻纺是由手搓开始的，之后才利用纺轮纺纱。距今 6900 年的浙江余姚河姆渡遗址出

土了一段三股麻绳和一段两股麻线，同时还出土了最原始的纺纱工具纺轮。大麻纤维短而弱，多用纺轮加工成有统体拈度的麻纱。

蚕丝可纺织成丝织品。缫丝织绸是中国人民的伟大创造。早在4700多年前就有了丝织品。殷商时代还发明了提花装置。商代甲骨文出现桑、蚕、丝、帛等字，还辟出从“桑”、从“糸”等与蚕丝有关的文字100多个。公元前数世纪，中国开始向外输出蚕丝和丝织品，丝绸之路因此得名。中国丝绸种类多，绣工巧，世界闻名。

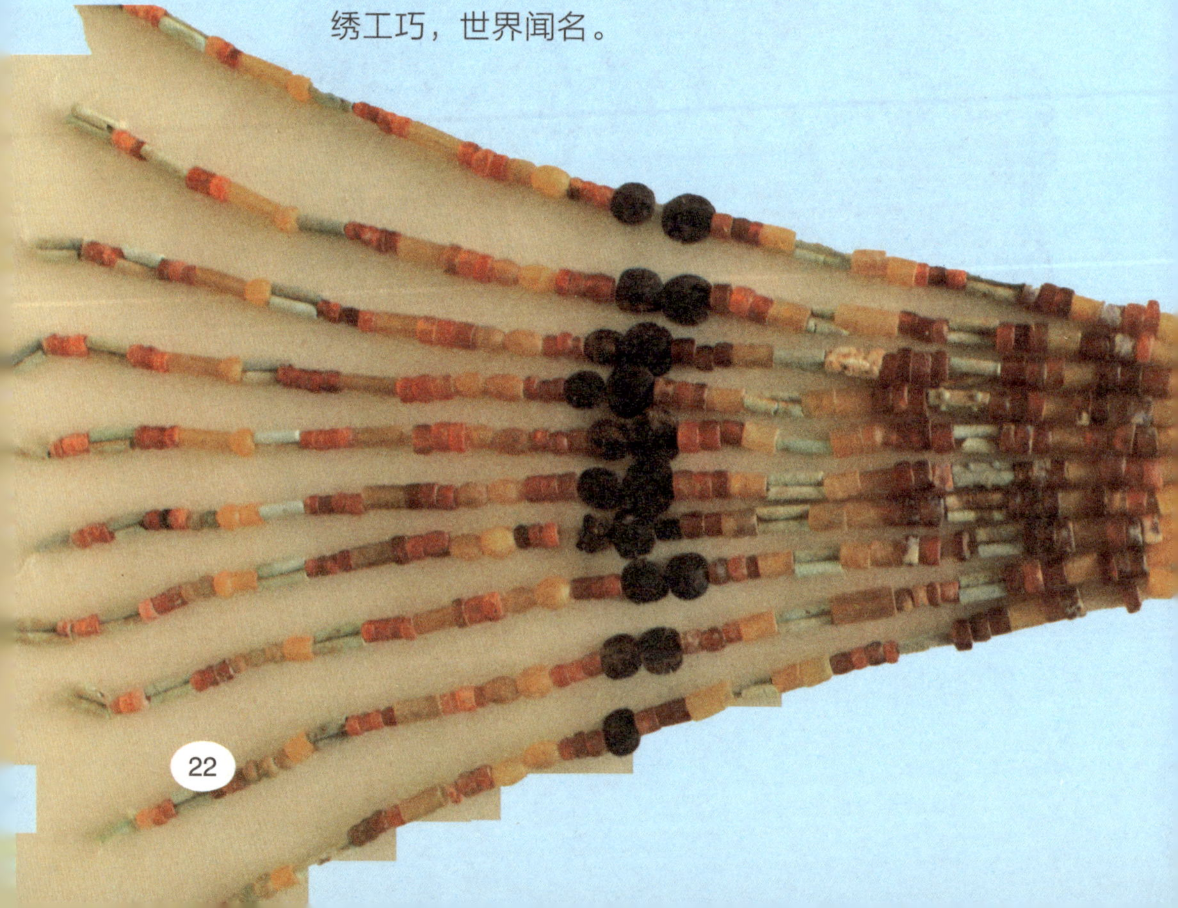

早在8000多年以前，我国对玉料的鉴别、玉器的加工技艺已达到相当高的水平，到春秋战国时期进入繁盛时期。玉不仅仅是财富的象征，也是佩戴者人格的象征。以玉比德，望玉观人是当时的时尚，也有“君子无故玉不去身”的说法。玉的佩戴，在中国古代长达几千年的历史中，没有太多的变化，都是挂在腰间。

知识拓展

最早的时候，人们用植物的麻制作布料，后来人们发现棉花可以制作成棉线，然后织成布，所以，我们的祖先就发明了织布机。我国最早的织布机大约发明于商朝的手纹织机，到周朝又发展出提花机械，至少在战国末期就已经开始使用足踏织机了。

3 不同的人会穿不一样的衣服

古代不同阶层的人有不同的服饰，人们因此以不同服饰的名称来作为不同阶层的人的代称。比如乌纱帽，自南朝刘宋以来，乌纱帽便在民间流行，无论官民，不分贫富，都戴乌纱帽。至明初，乌纱帽成为官员专用的帽子。虽然清朝时已将官员戴的乌纱帽改为红缨帽，但人们仍习惯于将乌纱帽作为官员的代称。

黄色是只有帝王才能使用的颜色，皇帝穿的衣服叫龙袍。如果平民百姓被发现使用黄色的话，会受到非常严厉的处罚。所以平民百姓是不敢轻易使用黄色的。

百官的衮服和皇帝的衮服类似，不过在颜色和花纹上存在较大的差别。根据官员品级的不同，他们服装的形制也不尽相同。他们的衮服上有山、龙、雉、火、虎蜼五种图形，下裳上则有藻、粉米、黼、黻四种图形。九卿的衮服上则为虎蜼、藻、粉米三种图案，下裳上绘有黼、黻。在他们之下的官员，则身着无花纹的衣裳。宋代就是通过礼服上面的花纹来区分官员的品级的。

百官日常的朝服也有区别，不过这主要是通过颜色来进行区分的。在北宋初年规定三品以上的官服为紫色，五品以上为朱色，七品以上为绿色，九品以上为青色。之后虽然稍有改动，但是用颜色区分官位的制度并没有改变。

在北宋男子的日常服装中，上身以穿圆领袍衫为主，此外还有凉衫、紫衫、毛衫、葛衫、襕衫及鹤氅等，其中比较有时代特色的为凉衫。在《水浒传》等文学作品及其相关艺术作品中，我们经常会看到好汉们在袍衫的外面会披有一件较短的白色短衫，这便是所谓的凉衫了。

在平民老百姓中也是有等级划分的，像那些比较贫穷的劳动人民，只能穿褐衣，褐衣就是指用粗布制作成的短衣，并且也有人将褐衣代指为贫贱之人，褐衣的颜色是黄黑色的。

在古代专门服侍别人的婢女，所穿衣服的颜色大多是青色，所以也会用青衣这个词语代指婢女，很多诗词中描写的青衣大多是出身卑微的人。

知识拓展

两宋百姓的服装就显得比较朴素了，虽然在经学兴盛的背景下，政府不允许百姓穿着制作精致、色彩艳丽的衣服，但是百姓们依然凭借自己的智慧在领口、裙子等衣物上加了很多装饰，让北宋的服装制作艺术达到了全新的高度。但我们不可忽视的是，对于饰品的过度追求也催生了奢侈攀比的风气。

三　那些了不起的人，我们都在学习他们的思想

1 儒家思想，这是古人留给我们的宝贵遗产

儒家思想，是先秦诸子百家学说之一。儒家思想也被称为儒教或儒学，由孔子创立，最初指的是从事丧葬行业的司仪，后来以此为基础逐渐形成完整的儒家思想体系，成为中国传统文化的主流，影响深远。它是中国影响最大的流派，也是中国古代的主流意识。

儒家思想的内涵丰富复杂，在广泛汲取古代典籍精华的基础上逐步发展出基础理论和思想，即大一统、君臣父子等。儒家学派的创始人孔子第一次打破了旧日统治阶级垄断教育的局面，变“学在官府”为“私人讲学”，使传统文化教育播及到

整个民族。这样儒家思想就有了坚实的民族心理基础，为全社会所接受并逐步成为社会的主流思想。

儒家思想是中国文明史经历了夏、商、周近 1700 年之后，由春秋末期思想家孔子所创立。孔子创立的儒家学说是在总结、概括和继承了夏、商、周三代尊尊亲亲传统文化的基础上形成的一个完整的思想体系。

东周时期，中国社会处于划时代的历史变革中，周王室衰微，诸侯坐大，维护封建宗法等级制度的“周礼”遭到极大破坏，诸侯争霸，社会处于动荡之中。这时候代表各阶级利益的知识分子异常活跃，成为一支重要的社会力量，他们纷纷登上历史舞台，著书立说，提出解决社会现实问题的办法，形成了诸子百家争鸣的繁荣局面。其中影响最大的是儒家、法家、道家、墨家，他们各自为新兴的地主阶级设计了一套结束割据、实现统一的治国方案，为秦汉以后的社会治国思想的选择奠定了基础。

孔子所处的春秋时代，社会内部

不可调和的矛盾引起的深重危机，摇撼了传统文化的权威性，对传统文化的怀疑与批判与日俱增，就连“祖述尧舜，宪章文武”的孔子也不能不把当时所处的时代精神注入自己的思想体系中，并对传统文化加以适当的改造，以便在社会实践中建立一种新的和谐秩序和心理平衡。这种情况到了大变革的战国时代尤为突出，因为人们在崩塌的旧世界废墟上依稀看到了冲破旧尊卑等级束缚的新时代的曙光。

知识拓展

儒家思想的核心：仁、义、礼、智、信、恕、忠、孝、悌。其中，“仁”是孔子思想体系的核心。

2 道家思想，教我们如何接近大自然

道家的主要思想是无所不能、永恒不灭，有辩证法因素和无神论倾向，是老子总结古老的道家思想所形成的道家完整的系统理论，它以“道”为最高哲学范畴，认为“道”是世界的最高真理，是宇宙万物的本源，也是宇宙万物赖以生存的依据。

无为、不争，是老子对君王的告诫，不与民争利。古代历代帝王一直极为重视道家，凡是以道家思想治国都会兴盛强大。现代人以为道家就是潜心静气、自然无为或中医养生等表面印象，其实，真正的道家远比这些表面印象更为博大玄奥。

古代道家是一种思想流派，最早追溯到上古时期。道家学说是春秋战国时期以老子、庄子为代表的人们所提出的哲学思想。他们的学术思想对中医养生学的形成过程中产生过一定的影响。

知识拓展

道家思想的创始人是谁？是一位叫老子的人，他也叫李耳，他创作的《道德经》至今都很受欢迎，里面撰写的内容，就是道家思想最原始的文献之一。

3 诸子百家，那时候的思想家很多

诸子指的是中国先秦时期管子、老子、孔子、庄子、墨子、孟子、荀子等学术思想的代表人物；百家指的是儒家、道家、墨家、名家、法家等思想流派。诸子百家是后世对先秦学术思想人物和派别的总称。

春秋后期已出现颇有社会影响的法家、道家、儒家、墨家、阴阳家等不同学派，而至战国中期，学派纷呈，众多学说丰富多彩，为中国文化发展奠定了宽广的基础，这一时期被称为诸子百家或百家争鸣时期。

据《汉书·艺文志》的记载，数得上名字的诸子百家一共有 189 家，4324 篇著作。其后的《隋书·经籍志》《四库全书总目》等书则记载"诸子百家"实有上千家，但流传较广、影响较大、较为著名的不过几十家而已。归纳而言，只有十二家被发展成学派。即法家、道家、墨家、儒家、阴阳家、名家、杂家、农家、小说家、纵横家、兵家、医家。

中国在古代创造了灿烂的文化艺术，具有鲜明的特色。中国有五千多年有文字可考的历史，文化典籍极其丰富。

在春秋战国时期，各种思想学术流派的成就，与同期古希腊文明相辉映；

以孔子、老子、墨子为代表的三大哲学体系，形成诸子百家争鸣的繁荣局面。几经周折，以孔子、孟子为代表的儒家思想在宋朝时期全面上位；同时，不同程度地影响了其他少数民族，甚至影响到与中国相邻的国家。

知识拓展

古代写书不易，读书也不易，知识与思想的传授往往局限于同一门派的师弟之间：学术必须亲炙师教才能学到东西，而老师也必须开门授徒才能传播主张。因此古人最重“师说”。一直到今天，我们依然要学会尊师重道这个道理。

四　古代建筑

1 苏州园林，贴近大自然的美

苏州园林是世界文化遗产、国家5A级旅游景区、中国十大风景名胜之一，位于江苏省苏州市。

苏州园林在世界造园史上具有独特的历史地位和重大的艺术价值，主要有沧浪亭、狮子林、拙政园等，享有“江南园林甲天下，苏州园林甲江南”之誉。

苏州地处水乡，湖沟塘堰星罗棋布，极利因水就势造园，附近又盛产太湖石，适合堆砌玲珑精巧的假山，可谓得天独厚；苏州地区历代百业兴旺，官富民殷，有条件追求高质量的居住环境；加之苏州民风历来崇尚艺术，追求完美，千古传承，长盛不衰，无论是乡野民居，还是官衙贾第，其设计建造皆一丝不苟，独运匠心。这些基本因素大大促进了苏州古典园林的发展。

苏州古典园林的历史可上溯至公元前 6 世纪春秋时吴王的园囿，私家园林最早见于记载的是东晋（公元 4 世纪）的辟疆园，

当时号称“吴中第一”。以后历代造园兴盛，名园日多，至明代建园之风尤盛，清末时城内外有园林 170 多处，苏州赢得了“园林之城”的称号。

明清时期，苏州成为中国最繁华的地区之一，私家园林遍布古城内外。在 16—18 世纪的全盛时期，苏州有园林 200 余处，保存尚好的有数十处，因此苏州素有“人间天堂”的美誉。

明清时期，苏州封建经济文化发展达到鼎盛阶段，造园艺术也趋于成熟，出现了一批园林艺术家，使造园活动达到高潮。最盛时期，苏州的私家园林和庭院达到 280 余处。

中国的造园艺术与中国的文学和绘画艺术具有深远的历史渊源，深受唐宋文人写意山水画的影响。中国园林在其发展过程中，形成了皇家园林和私家园林两大系列，前者集中在北京一带，后者则以苏州为代表。由于政治、经济、文化地位和自然、地理条件的差异，两者在规模、布局、体量、风格、色彩等方面有明显差别，皇家园林以宏大、严整、堂皇、浓丽称胜，而苏州古典园林则以小巧、自由、精致、淡雅、写意见长。由于后者更注意文化和艺术的和谐统一，因而发展到晚期的皇家园林，在意境、创作思想、建筑技巧、人文内容上，也大量地汲取了私家园林的“写意”手法。

知识拓展

依照《苏州园林保护和管理条例》的规定，苏州市不断健全苏州园林名录保护体系。2015年至2018年8月，苏州市先后公布了四批《苏州园林名录》，全市累计已有108座园林被纳入依法保护体系，对入选园林均实行挂牌保护，明确了保护范围、保护内容和保护对象。

苏州市还制定出台了《苏州园林保护资金使用办法》，以政府财政资金对园林古建筑修缮、管理优秀单位及园林开放等进行补贴、奖励和补助，有效解决了园林保护的诸多现实问题。

苏州市园林和绿化管理部门制定了苏州园林保护修复专项规划，按照“全面保护、修复保护、遗址保护”三类模式，有计划地推进12处重点园林保护修复工作，让更多的园林光彩重现，流芳于世。

2 宫廷、皇家建筑

中国宫殿是中国古代帝王所居的大型建筑组群，是中国古代最重要的建筑类型。在中国长期的封建社会中，以皇权为中心的中央集权制得到充分发展，宫殿是封建思想意识最集中的体现，在很多方面代表了传统建筑艺术的最高水平。

故宫，又名紫禁城，是世界上最大的宫殿。位于老北京城的中轴线上，是明朝和清朝的皇室。占地 72 万平方米，建筑面积约 15 万平方米，共有殿宇 9999 间半，是世界最大的宫殿，也是中国现存最大最完整的古建筑群。整个建筑群按中轴线对称布局，层次分明，主体突出。太和殿，又称金銮殿，是明、清皇帝举行大典的地方。它在故宫三大殿中是最大的一座，也是中国古代宫殿建筑中最大的木结构宫殿。故宫是中国最大的艺术博物馆，收藏着 90 多万件历史文物和艺术品，其中有许多稀世珍宝。故宫的建筑体现着浓厚的文化气息，由于中国古人信奉阴阳五行说，因此故宫的建筑大体上可以分为两大部分：南为工作区，即外朝；北为生活区，即内廷。

举世闻名的布达拉宫，耸立在西藏拉萨市红山之上，海拔 3700 多米，占地总面积 36 万余平方米，建筑总面积 13 万余

平方米，主楼高 117 米，共 13 层，其中宫殿、灵塔殿、佛殿、经堂、僧舍、庭院等一应俱全，是当今世上海拔最高、规模最大的宫堡式建筑群。“布达拉”系舟岛，是梵文音译，又译作“普陀罗”或“普陀”，原指观世音菩萨所居之岛。拉萨布达拉宫俗称第二普陀罗山。

颐和园是清代的皇家花园和行宫。乾隆继位以前，在北京西郊一带，已建起了四座大型皇家园林，从海淀到香山，这四座园林自成体系，相互间缺乏有机的联系，中间的瓮山泊成了

一片空旷地带，乾隆决定在瓮山一带动用巨额银两兴建清漪园，以此为中心把两边的四个园子连成一体，形成了从现清华园到香山长达20千米的皇家园林区。

知识拓展

古代皇帝搜刮人民的钱财，用来建造大型的宫殿，这些行为都是有害人民的做法，所以华丽宫殿的背后，是古代人民的血与泪，象征着封建社会当权者对人民的迫害。

永乐宫修建于元代，施工期前后共110多年，才建成了这个规格宏大的道教宫殿式建筑群。特别是宫殿内部的墙壁上，布满了精心绘制的壁画，其艺术价值之高，数量之多，实属世上罕见。

永乐宫是典型的元代建筑风格，粗大的斗拱层层叠叠地交错着，四周的雕饰不多，比起明、清两代的建筑，显得较为简洁、明朗。几个殿以南、北为中轴线，依次排列。

3 古代楼宇，每一座楼都有一段历史

在中国历史上，历朝历代都喜欢修建楼阁，于是常有文人墨客、达官贵人登楼望远，吟诗作赋，很多楼阁因为一些著名诗句而闻名天下。

1. 滕王阁

滕王阁位于江西省南昌市的赣江畔，连地下室共四层，高 57.5 米，占地达 47000 平方米，是江南三大名楼之首。

滕王阁的盛名要归功于“初唐四杰”之一王勃的《滕王阁

序》，那句“落霞与孤鹜齐飞，秋水共长天一色”更是脍炙人口。

2. 黄鹤楼

黄鹤楼位于湖北省武汉市海拔高度 61.7 米的蛇山顶，它以清代同治楼为原型设计。楼高 5 层，总高度 51.4 米，建筑面积 3219 平方米。72 根圆柱拔地而起，雄浑稳健；60 个翘角凌空舒展，似黄鹤腾飞。楼的屋面用 10 多万块黄色琉璃瓦覆盖。在蓝天白云的映衬下，黄鹤楼色彩绚丽，雄伟壮观。

曾有唐朝诗人崔颢作诗曰：“昔人已乘黄鹤去，此地空余黄鹤楼。黄鹤一去不复返，白云千载空悠悠。晴川历历汉阳树，芳草萋萋鹦鹉洲。日暮乡关何处是？烟波江上使人愁。”千古佳作朗朗上口，仙人乘鹤西去的传说，更是成就了黄鹤楼的地位。

3. 岳阳楼

岳阳楼位于湖南省岳阳市古城西门城墙之上，主楼高 19.42 米、进深 14.54 米、宽 17.42 米，为三层、四柱、飞

檐、盔顶、纯木结构。楼中四根楠木金柱直贯楼顶，周围绕以廊、枋、椽、檩互相榫合，结为整体。其独特的盔顶结构，体现了古代劳动人民的聪明智慧和能工巧匠的精巧设计。

北宋范仲淹脍炙人口的《岳阳楼记》更使岳阳楼著称于世。因岳阳楼下瞰洞庭，前望君山，自古有“洞庭天下水，岳阳天下楼”之美誉，与湖北武汉黄鹤楼、江西南昌滕王阁并称为“江南三大名楼”。

4. 鹳雀楼

鹳雀楼位于山西省永济市蒲州城郊黄河岸畔，整座建筑共分九层，其中台基部分三层。主楼游览层共六层，其中明三层暗三层，有抱厦、廊柱、回廊等。一、二层中间有天井，四、六层每层设一回廊，还设置了一个舞台。

知识拓展

中国古代有很多有名的楼宇建筑，这些建筑之所以名扬至今，大多是因为一些名人的诗歌或者故事。所以，一些古老的楼宇背后往往会有一段流传至今的故事。

登鹳雀楼俯瞰，风景秀丽，气势雄伟，在唐宋之际为河东盛概，文人雅士常为之作诗。唐代著名诗人王之涣登楼赏景，诗曰：“白日依山尽，黄河入海流。欲穷千里目，更上一层楼。”

5. 蓬莱阁

蓬莱阁位于山东省烟台市蓬莱市丹崖山巅，由蓬莱阁、天后宫、龙王宫、吕祖殿、三清殿、弥陀寺六大单体和附属建筑共同组成规模宏大的古建筑群，面积 1.89 万平方米。

蓬莱阁是中国古代四大名楼之一，素以“人间仙境”著称于世，其“八仙过海”传说和“海市蜃楼”奇观享誉海内外。

五　古中国餐桌文化

中国的烹饪，不仅技术精湛，而且有讲究菜肴美感的传统，注重食物的色、香、味、形、器的协调一致。中国烹饪对菜肴美感的表现是多方面的，无论是一个红萝卜，还是一个白菜心，都可以雕出各种造型，独树一帜，达到色、香、味、形、美的和谐统一，给人以精神和物质高度统一的特殊享受。

1 饮食演变

若生于先秦时期，要吃到大米的可能性是比较低的。虽然七千年前长江中下游地区就有水稻了，不过先秦时期产量依然少。当时主食是以五谷，即麻、黍、稷、麦、豆为主，粗粮纤维丰富却不是软糯口感；蔬菜种类并不丰富，当时的蔬菜大多沦为了如今的野菜，口感可想而知；最重要的是，肉在当时多在《礼记》中出现，这等于如果没有出生在当时的奴隶主家庭，几乎是很难吃上一口肉的。

秦朝时，食物种类有所增加但不可称为繁多，而且当时烹饪方法是水煮或火烤，调味品盐是官卖，因此也是很难吃得起的。

也就是说，以前盐的价格比较昂贵，水煮和火烤的食物里却放不了盐，滋味如何请自行想象吧。

汉代时，人们种植的农作物仍是五谷，即稻、稷、麦、豆、麻，只不过麻由主食变成了穿在身上的纺织材料。到汉武帝时期发展了丝绸之路，人们的饮食文化因为引进的葡萄、石榴、黄瓜、大蒜、香菜、蚕豆而丰富了许多。

魏晋南北朝时期吃的米不同于现代，由于当时米的产量少，人们会在米中混入各式各样的蔬菜做成菜饭。这个时期南方人多以大米为主食，北方人多以小米、小麦为主食，但上层阶级对于米饭则另当别论。这个时期以后，由于南方水稻的改良，气候变暖，农耕技术提升等因素，大米的产量有所提高。

隋唐五代相对于传统饮食文化出现了饮食胡化。史籍记载的著名吃食就有：冷胡突、热洛河、生鱼片、蒸麝麝、皮索饼、驼峰炙、猩唇、熊白、糖螃蟹、鲤尾、对虾、虾生、龙虾、烤全羊等。

不难看出，这些名小吃中几近半数是胡食，其中的一部分如今也只存于史籍之中。

宋朝是一个饮食上食不厌精、脍不厌细的讲究时代。在微冷的天气里，火锅是少不了的。那火锅是什么时候出现的呢？大概是在宋朝。同时宋朝美食还有：金华火腿、爆米花、豆芽菜、东坡系列、蒸食等。

加上宋朝一些发达城市取消了宵禁，夜市是非常繁荣的，晚上出门，夜宵、茶馆、瓦肆等娱乐活动可以玩到天明。更为称奇的是，成熟的商业体系中一些高档酒楼便已经出现了外卖，宋朝着实很“潮”。

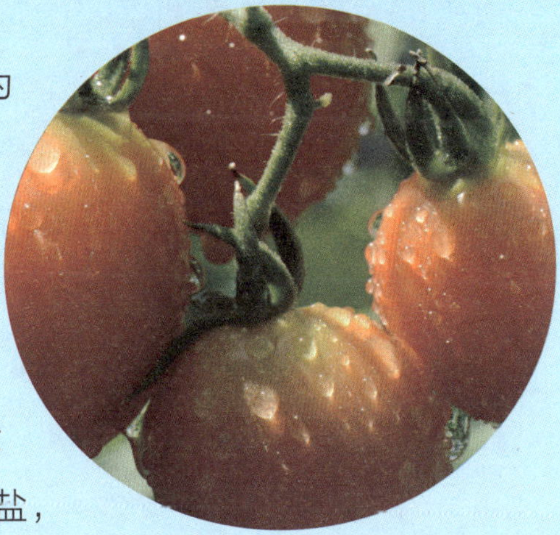

元朝是一个史上饮食最为豪迈的朝代。由于是蒙古人统治，当时的饮食风格也受蒙古未入关时的饮食文化影响。蒙古人喜欢大口吃肉，大口喝酒，宫廷中最为浩大的宴会是全羊宴，整只羊放在火上烤，只加盐，那种原汁原味的浑厚滋味应当不是南方人所能适应的；至于酒嘛，蒙古人到现在依然热爱马奶酒，当时据说还有蜂蜜酒、果酒等。虽然元朝饮食不拘小节，但是也别有风味。

明朝是一个适合吃各种美食的朝代。烹饪技术达到了接近20种，而且郑和下西洋带回来的农作物种类繁多，比如辣椒、马铃薯、番茄、花生、南瓜、番薯等。

而且因为朱元璋是徽州人的缘故，从官场上到民间都有意地吃淮扬菜，在明朝初期这种风气尤甚。

清朝是一个菜系贴近现代的朝代。清朝继承了前朝饮食习惯的同时放宽了对肉的限制，当时猪肉价格低廉，羊肉价格也是可以接受的，甚至是前朝吃了便有罪的牛肉都是可以吃的了。这简直是喜欢吃肉的人的天堂！

而且在清朝，辣椒、胡椒、姜、蒜都是有的，有这些作料的加持，清朝人们的口味和现代人的口味应当是相差不大的。《红楼梦》里

面写的吃食着实令人垂涎三尺。

知识拓展

《红楼梦》是一部具有世界影响力的人情小说作品，是举世公认的中国古典小说巅峰之作，是中国封建社会的百科全书，传统文化的集大成者。

2 餐具文化

饮食文化是中国值得自豪，也是最容易为世界各国所接受的。享用美味的食物的同时，有没有考究过中国人是何时开始脱离茹毛饮血的生活的？何时开始用炉灶煮食的？常吃的水饺、云吞是何时出现的？分餐制度又是怎样演化为围桌而食的？我们一起来看看吧！

灰陶釜、灶是已知发现较早且完整的炊具，新石器时代的附加堆纹灰陶鼎是三足锅，黑陶甑是最早期的蒸屉，下半部盛水，称鬲，中间有孔隔，上面放食物。在旧石器时期，人类以烧烤为主，到了新石器时期，则开始用水煮、气蒸的方法，北方吃粟，南方吃稻。新石器时代的双耳小口尖底瓶，两边的耳孔吊着绳子，放进河里入了水，陶瓶便会立起来，可见当时的先人打水也很有智慧。

到了夏、商、周及春秋、战国时期，讲究饮食礼仪，闻名遐迩的青铜器工艺达到全盛期，由甑与鬲结合而成的甗发展至青铜器制。在春秋后期，已有饺子出现，而当时祖先开始懂得吃面食、云吞及粉食了。由于这段时期注重礼祭，出现了许多酒器，如戎马铜觚是饮酒器，铜用以盛酒，而窃曲纹龙首三足铜是当时的调酒器。最特别的是铜冰鉴，冰酒器具，内置方形罐，用以盛酒。

汉代有比较特别的铺首衔环铜，这是当时的铜烤炉，另外汉代

陪葬品陶灶，反映出当时人们已有完整的炉灶设备，这座船型的陶灶是南方流行的款式，而北方只用简单的长方形炉灶。

隋唐是中国文化与国势强盛时期，菜肴品种大增，建立不同饮食流派。新疆还出土了唐代的饺子和点心，其中点心是一种饼食，用面压花模印成。当时着重华丽的生活，金银及玻璃器皿相继出现，并且造工精巧，还有进口自东罗马的金足金杯。

知识拓展

饺子源于中国古代的角子，原名“娇耳”，是汉族一种传统面食，距今已有一千八百多年的历史了。由东汉南阳涅阳（今河南南阳邓州）人张仲景发明，最初作为药用。饺子深受中国人民喜爱，是中国北方民间的主食和地方小吃，也是年节食品。

3 筷子文化

中国人的饮食习俗一大特点是使用筷子。筷子，古代叫“箸”，在中国有悠久的历史。《礼记》中曾说：”饭黍无以箸。”可见至少在殷商时代，已经使用筷子进食。

历史记载，大概 3100 多年以前，我们就已经有了象牙筷子，《史记》记载：“纣始为象箸而箕子怖”。商纣王是商代末期的一位皇帝，他生活十分奢侈，把大象打死，把象牙锯下来做成筷子，以显示他华贵的生活，这是我们有文字记载的第一双象牙筷子。但在中国历史中，这并不是中国的第一双筷子，而仅仅是第一双有文字记载的象牙筷子。

根据研究，我国筷子的历史还要往前推 1000 年。我们最早的筷子是竹木筷，而不是象牙筷。我们的老祖先为了方便捞煮熟了的食物，就在原始森林里取下树枝，在陶锅里面捞菜，在捞来捞去的过程中，逐步产生了筷子的雏形。最原始的筷子应该是有长有短，有粗有细的，并不像现在这么规则。等到了“纣始为象箸而箕子怖”的时候，筷子已经形成了，粗细长短也都相同了。这样说来，筷子从最早的雏形到现在，大约经过了 4000 年。

远古的时候，筷子多由就地取材的树或木棍、天然的动物骨角等制成，原始社会末期是修削后的木筷或竹筷。夏商出现牙筷、玉筷；到了春秋战国，开始使用庄重古朴的铜筷、铁筷；汉魏六朝，光亮秀丽的漆筷、精致名贵的银筷和金筷开始出现。近来，质料各异的筷子名目繁多，有象牙筷、犀角筷、乌木镶金筷和各种玉筷。

在我国的唐代，银制的筷子是最出名的，因为金筷被皇家所垄断，普通人不能使用，但是银筷却可以，一般大户人家都

使用银筷。自唐代产生了银筷之后，到现如今银筷仍然很流行。有流传说，银筷子能够验毒，如果有毒的食物用银筷子插进去以后，原本银白色的筷子就会变黑。

筷子的“筷”字是怎么发展演变过来的呢？它为什么叫作筷子呢？筷子这个词，在汉语里有关的读音就有三个，要说字最少有六个，常见的是“箸”，这个字还有个异体字，就是“住”旁边再加个木字旁，这个字最早在说文解字里就有记载，讲的就是吃饭的工具。

筷子在我国可谓历史悠久，但筷子这个词以及发音，却只有几百年的时间，从这里可以看出一个很有意思的现象，就是我们中国人对于日常生活中离不开的事物，往往要赋予一些观念上的东西。比如，结婚的时候要送给新郎新娘枣或栗子，希望他们能早生贵子。这在民间叫“讨口彩”，从箸发展到筷也受到这种“讨口彩”的影响。

明代有一部书，说当年的吴中，也就是如今江浙一带的土著，这个“箸”就不叫箸，叫筷子。原因是江浙一带的人撑船的多，船户人家撑船有很多讲究，有很多忌讳，说这个“箸”跟停住的那个“住”字同音，撑船的人总想着一帆风顺，停住不走，这不就麻烦了吗？所以就把这个“箸”改成“快”，快快地走，这样一来词变了，发音变了，字也变了，还是竹字头，但字的剩余部分不是“者”了，而是快慢的“快”，我们现在的筷子的“筷”，其实就是一个方言字。

知识拓展

筷子虽小，却是中华文化的传承。筷子虽轻，却是中国餐桌上的重要文化。一双双筷子，承载了中国老幼尊卑的礼仪文化，让每个中国人都明礼知节。

穿越时空
轻松解锁
古文明

图解古希腊

彭剑峰 著

航空工业出版社
北京

内 容 提 要

古文明是现代文明的基石，它以璀璨的成果和梦幻般的神秘色彩，让无数人为之着迷。《穿越时空，轻松解锁古文明》面向青少年读者讲解古文明发展脉络及兴衰过程，分别是《图解古中国》《图解古埃及》《图解古希腊》《图解古罗马》《图解古波斯》《图解古阿兹特克》6 册，讲述各大文明妙趣横生的传奇故事、名胜古迹、文化贡献和风俗习惯，是广大青少年读者学习古文明、汲取精神财富的好帮手。

图书在版编目（CIP）数据

穿越时空，轻松解锁古文明．图解古希腊 / 彭剑峰著．-- 北京：航空工业出版社，2022. 5（2023.11 重印）

ISBN 978-7-5165-2966-9

Ⅰ．①穿… Ⅱ．①彭… Ⅲ．①世界史－古代史－青少年读物②古希腊－历史－青少年读物 Ⅳ．① K12-49 ② K125-49

中国版本图书馆 CIP 数据核字 (2022) 第 067650 号

穿越时空，轻松解锁古文明・图解古希腊

Chuanyue Shikong，Qingsong Jiesuo Guwenming・Tujie Guxila

航空工业出版社出版发行

（北京市朝阳区京顺路 5 号曙光大厦 C 座四层　100028）

发行部电话：010-85672688　010-85672689

三河市金兆印刷装订有限公司印刷　　全国各地新华书店经售

2022 年 5 月第 1 版　　2023 年 11 月第 2 次印刷

开本：710 × 915　1 / 16　　字数：45 千字

印张：4　　定价：128.00 元（全 6 册）

简介

古希腊文明不仅对欧洲发展有深远影响，甚至影响了全世界。想要了解古希腊，首先要了解古希腊的众神们，宙斯、波塞冬、雅典娜等神的形象一直影响着世界。古希腊文明不仅孕育了文字，还孕育了奥林匹克运动会等文明，可以说对全世界影响深远。

目录

三

神秘的雅典

四

与古希腊神话相关的建筑

五 古希腊诞生的哲学家

六 古希腊饮食风俗

一　藏在伯罗奔尼撒中的古迹

伯罗奔尼撒半岛，位于希腊南部，面积 21439 平方千米。人口 98.6 万。岛上不仅有丰富的历史文化古迹，如最早的奥林匹克体育馆、阿伽门农的迈锡尼等，还有细腻优质的海滩、碧绿的海湾，以及原始质朴的马伊纳山区。

1 纳夫普利翁是古希腊文化的起源之一

世界上有许多古老的文明，古希腊文明就是其中之一。你想知道古希腊文明曾经有多么辉煌吗？我来带领大家走进希腊城市，一起了解它们的兴衰。

纳夫普利翁的港口西部危崖林立，海拔 85 米，如果是被敌人从海上攻击，这里就是天然的海岸城墙。东边有低山环绕，虽然不是很高，但是也有 215 米，敌人想攻击城市必须要先翻过山脉。可以发挥你的想象力，是不是感觉这座城市就像是被大海和群山包围起来一样呢。

因为地势险要，易守难攻，这里是一个不可多得的军事要地。很多国王都选择在这里建立城市，甚至以这里为中心发展国家。

这里也是兵家必争之地，发生过很多战争，自从前古典时期，这里就建起了城墙。后来，拜占庭人、法兰克人、威尼斯人、土耳其人加强了防御工事。纳夫普利翁在当时和平的年份非常

短暂。

例如公元1212年，法国十字军的亚该亚公国征服了纳夫普利翁，1388年又将其转手出售给威尼斯共和国。

纳夫普利翁这座具有传奇色彩的城市，现在已经不再担忧被战争侵蚀。如今它已成为雅典人在冬季周末的休闲目的地。

知识拓展

拜占庭人因来自拜占庭一地而得名，拜占庭是一个古希腊城市，位于连接黑海与爱琴海之间的战略水道博斯普鲁斯海峡上，罗马皇帝君士坦丁在公元4世纪重新命名它为君士坦丁堡，并且让它成为罗马帝国的首都。

2 迈锡尼也曾辉煌过

迈锡尼古城现在位于欧洲大陆南端伯罗奔尼撒半岛北部，迈锡尼文明就是在这里发展起来的。

在古城的遗迹中，我们可以感受到这里曾经辉煌过，走进古城迎面而来的就是西北角的“狮子门”。

狮子门是迈锡尼宫殿的入口。这座门拥有欧洲最古老的雄伟雕塑之一：一块三角形的巨大石灰石板上雕刻着两头对称的狮子，它们分立于一根柱子的两旁。狮子的形象也出现在封印石上。

那么，为什么是狮子而不是其他动物呢？在迈锡尼文明中，狮子象征着皇室的权力，象征着迈锡尼神。庄严的浮雕形象给古城入口营造了一种威武肃穆、坚不可摧的氛围。

在公元前 15 世纪到公元前 14 世纪是迈锡尼文明发展的顶

峰，从古城地下发掘的文物来看，这时候迈锡尼地区已经有大型的王宫和王陵，有青铜制造的农具和武器，造船业和商业都相当发达。

如此发达的迈锡尼文明为什么会衰败呢？其实这跟一场战争有关，这场战役被称为特洛伊战争。

公元前 1250 年左右，迈锡尼人与小亚细亚西部的特洛伊人进行了战争。虽然最后迈锡尼人赢得了这场战争，但是他们围攻特洛伊城长达 10 年之久，耗费了大量的人力和物力，同时特洛伊城在被围困的 10 年内其实已经相当贫困，因此当迈锡尼人最后攻破特洛伊城后，并没有得到多少实惠，也不够补偿他们的战争消耗。迈锡尼文明诸国元气大伤，北方游牧民族纷纷南下攻城略地，最终导致了迈锡尼文明的衰亡。

知识拓展

特洛伊地处交通要道，商业发达，经济繁荣，人民生活富裕。迈锡尼文明诸国对地中海沿岸最富有的地区早就垂涎三尺，一心想占为己有，于是以海伦为借口发动战争。

3 奥林匹克起源

我们都知道四年一届的奥林匹克运动会，那你知道奥林匹克运动会是怎么来的吗？其实奥林匹克运动会起源于古希腊的奥林匹亚。据古希腊的神话传说，古代的奥林匹克运动会是由众神之王宙斯创办的。

古希腊为什么要举行运动会呢？这要从公元前9世纪至公元前8世纪说起，古希腊有200多个城邦，每个城邦都有自己的国王，谁都不服谁，因此相互之间战争不断。

他们为了提高战斗力，每个城邦都积极练兵。体育比赛是增强士兵体能、培养能征善战的士兵的有效形式。正是备战，促进了古希腊体育运动的开展，所以早期的体育项目带有明显的军事烙印。

后来，由于人民对于和平的渴望，希腊城邦中斯巴达国王与伊利斯国王签订了“神圣休战月”条约，休战期间进行的体育竞技比赛，逐渐成为定期举行的奥林匹克运动会。

第一届奥林匹克运动会是在公元前 776 年举办，到了公元 394 年一共举行了 293 届奥运会，其中每隔四年举办一次。后来人们将四年这一周期定为奥林匹克周期。

当时的奥林匹克运动会都有哪些比赛项目呢？最早期的奥林匹克运动会只有田径一个项目，分为短跑、中跑、长跑、武装赛跑。

短跑的距离大约是 192 米，比赛分为预赛和决赛，运动员抽签决定组次和起跑位置。

中跑是在公元前 724 年第 14 届古奥林匹克运动会上首次被列为正式比赛项目的。中跑的长度是短跑的两倍（384 米）。在终点线折回处，有转向石柱，竞技者绕过石柱，再返身往回跑，跑法与往返跑很像。

长跑在公元前 720 年第 15 届古奥林匹克运动会时被列为正式比赛项目。就是在跑道上多次往返跑，跑 24 个跑道长（4608 米）。

武装赛跑是在公元前 520 年第 65 届古奥林匹克运动会上被列为正式比赛项目的。早期参赛者都身着铠甲，头戴盔帽，腿裹皮护膝，左手持盾牌，公元前4世纪演变为赤身裸体手持盾牌参赛。起跑时运动员采用单腿跪姿，跑距为4个跑道长（768米），进行两次往返跑。武装赛跑场面壮观、争夺激烈，是古奥林匹克运动会的闭幕式。

随着时间的推移，奥林匹克运动会加入了更多项目，比如拳击、赛马、角斗，以及战车赛等，并逐渐演变成如今的奥林匹克运动会。

知识拓展

城邦是由一个城市控制的区域，通常拥有主权。历史上的城邦通常是大文化圈的一部分，如古希腊城邦（雅典、斯巴达）、中国黄河流域的华夏城邦等。

4 斯巴达每个人都是勇士

什么是斯巴达？我们经常说的斯巴达其实是多利亚人。大约在公元前 11 世纪，有一批叫多利亚人的希腊部落，他们英勇善战，不断南下击败了拉哥尼亚平原的原有城邦，并且在这里居住下来，后来建立了多利亚人的斯巴达城。

斯巴达城是南伯罗奔尼撒最有名的城市之一，因为斯巴达人最初战无不胜，所以声名显赫。

古代的斯巴达是个崇尚武力的城市国家，它与其他古希腊城邦不同，斯巴达的国民在很小的时候，就要接受严酷的军训。

据历史记载，斯巴达的孩子 7 岁之前是在父母教育下成长的，到了 7 岁之后就要被送到团体中，接受集体生活，开始从事体育锻炼，

学习跑步、竞走、掷铁饼、搏斗等。在这种文化的熏陶下，他们在乎战争的胜负，他们的观念是不胜则死。古代斯巴达人对生活并不讲究，以简朴为荣。

知识拓展

留克特拉战役是斯巴达与底比斯的战争，它宣告了斯巴达霸权的终结和底比斯霸权的兴起。

在这种严酷的训练和生活作风下，前期的斯巴达战无不胜。但是也是因为常年累月的战争，很多人都会在战争中牺牲。斯巴达人数减少也是战争失败的重要原因之一。

公元前 371 年斯巴达在留克特拉战役中失败，打破了其不可战胜的神话。这场战役也是斯巴达衰败的开始，之后的几十年里，斯巴达多次战败。例如斯巴达联合雅典在曼丁尼亚再度决战底比斯，底比斯再胜。

二　残垣断壁里见证提洛岛的悠久

提洛岛是爱琴海上的一个岛屿，位于基克拉泽斯群岛的中部，是基克拉泽斯群岛的心脏，也是群岛中最小的岛屿之一。提洛岛在希腊爱琴海古代历史上一度是宗教、政治和商业中心，目前却变成了几乎无人居住的荒岛。

1 埃普道鲁斯剧场文化艺术中心

在古希腊的文明中，音乐占据了一个十分重要的位置。西方音乐的起源正是在古希腊时期。在古希腊人的心目中，音乐具有教化功能，能净化心灵，使人从善。他们甚至以“有乐感的人”代表俊杰高士，“没有音乐细胞的人”指代行为粗俗的平民。

因此古希腊的剧场建筑在这样的背景下孕育而生。首先映入我们眼帘的是被联合国教科文组织列入世界遗产的埃普道鲁斯剧场。

埃普道鲁斯剧场建于公元前 4 世纪，是希腊保存得最好的古剧场与古典建筑之一。

埃普道鲁斯剧场是古希腊著名建筑师阿特戈斯和雕刻家波利克里道斯的杰作，它就像是一个砍成一半的碗，坐落在一座山坡上。中心的舞台直径为20.4米，歌坛前的34排大理石座位依地势建在环形山坡上，次第升高，像一把展开的巨大折扇，全场能容纳1.5万余名观众，非常壮观。

知识拓展

1988年联合国教科文组织将埃普道鲁斯古迹作为文化遗产，列入《世界遗产名录》。

埃普道鲁斯剧场不仅容纳的观众数量多，而且剧场声效也闻名于世界，在舞台下方表演唱歌的声音能传到剧场的每个角落。这个古剧场的声音传播为什么具有这样的效果，是世界建筑史的谜团之一。

埃普道鲁斯剧场不仅仅是为观众建造的，更是为艺术家建造的。埃普道鲁斯剧场反映出建筑师和剧作家及演员之间的合作关系。由此可以看出，剧场的出现对古希腊戏剧等艺术形式的产生繁衍和建筑行业的发展产生了不小的作用。

2 德奥斯原来只是一块花岗岩

传说有一天海神波塞冬在海底游玩，忽然看到一块巨大的花岗岩，于是他就想能不能把花岗岩举起来。他双手用力，还真把花岗岩托了起来。这块花岗岩被波塞冬拖到海面后，波塞冬就走了。随后神风吹过，这块花岗岩就被吹到了基克拉迪群岛海域一带，变成如今的德奥斯小岛。

在神话故事中，当时主神宙斯的爱妾莱拖已怀孕并将要生产，但是宙斯的妻子非常嫉妒莱拖，于是就把莱拖赶走。莱拖没有进行生育的地方，恰巧看到德奥斯从海上飘过，于是就在德奥斯生下了一对双胞胎——太阳神阿波罗和月亮狩猎女神阿尔忒弥斯。长大后的阿波罗神将德奥斯固定在了爱琴海上。

知识拓展

阿尔忒弥斯，又名辛西亚，是古希腊神话中的狩猎女神，被称为“野兽的女主人与荒野的领主”。

有神话故事的德奥斯一度成为拜神中心。公元前 3000 年，就有人居住于德奥斯，公元前 10 到公元前 9 世纪，这里已经成为一处繁荣昌盛的城市，仅次于德尔斐的神谕发布地，人们称这里为“圣岛”。公元前 1 世纪，由于受到外敌的洗劫和海盗的袭击，这里深受创伤，加上当时海上贸易路线的改道，从此结束了德奥斯曾经盛极一时的商业港口城市的地位。中世纪，当地的建筑物遗址被威尼斯与土耳其人当作采石场，受到严重的掠夺。自此，“圣岛”的芳名便几乎湮没于世。

3 多多那是古希腊宗教圣地

在希腊神话中，神谕是神下达的律令。每个神都有自己的规则，他们就是依靠下达神谕来制定自己的规则的。那么神的信徒是如何与神沟通的呢？

其实，神就是通过神谕的方式给信徒指引，所以信徒们就会修建神谕的圣所。

在古希腊，多多那是信徒们给主神宙斯修建的圣所，它是最古老，最受人们尊重的圣所。在对信徒们的影响力上，只有太阳神阿波罗圣所能够超越它。

多多那很早就是人们重要的祭祀活动中心，旁边有著名的宙斯神庙及其他的神示所，由皮拉斯基人所建。管理的祭司称塞洛伊，由他或由两三名老年妇女通过辨听橡树叶被风吹动所发出的声音传达神示。

多多那坐落于偏远的、难以到达的希腊西北部伊庇鲁斯地区，托马洛斯山下的一个山谷中。在过去的漫漫岁月中，它以其独特的魅力吸引人们长途跋涉来到这里求问神谕。

知识拓展

伊庇鲁斯地区，是东南欧的一个地区概念，位于希腊与阿尔巴尼亚交界处，西邻爱奥尼亚海，东依品都斯山脉。

作为最古老、最受尊重的圣所，它是如何起源的？

传说中鸽子是宙斯的仆人，多多那的起源与鸽子有关。有一名叫塞洛伊的伐木者爱在多多那砍伐橡树，栖息在橡树上的鸽子竟然发出了人类语言的声音，警告塞洛伊砍伐橡树是对宙斯的大不敬行为，后来塞洛伊再也没有砍伐橡树，并成为多多那宙斯神庙的一个祭司。这就是多多那的由来。

三　神秘的雅典

古雅典是一个强大的城邦，是驰名世界的文化古城。雅典至今仍保留了很多历史遗迹和大量的艺术作品，其中最著名的是雅典卫城的帕特农神庙和伊瑞克提翁神庙。

1 雅典卫城，一个充满智慧的城市

我们都听说过雅典这个城市，你知道这个城市的名字是怎么来的吗?

其实，这是来自一段神话。当时古希腊的人们在爱琴海边修建了一座城市，智慧女神雅典娜想成为这座城市的守护神，但是海神波塞冬也想成为这座城市的守护神，双方互不相让，便争夺了起来。

后来神王宙斯决定，说：“谁能给人类一件最有用的东西，这座城市的守护神就是谁”。于是海神波塞冬用三叉戟敲了敲岩石，变出了一匹象征着战争的战马。智慧女神雅典娜也用长矛敲了敲岩石，瞬间长出了硕果累累的橄榄树，橄榄树象征着丰收与和平。人们看到橄榄树都欢呼了起来，于是宙斯决定将这座城市赐给雅典娜。后来人们为了纪念雅典娜，便将这座城市命名为雅典卫城。

雅典卫城面积约有 4 平方千米，位于雅典市中心的卫城山丘上，修建于公元前 580 年，距今已有近 2600 年的历史。雅典卫城遗址位于今雅典城西南，建造在海拔 150 米的石灰岩山岗上，是祭祀雅典守护神雅典娜的神圣地。卫城，原意是奴隶主统

治者的圣地，古代在此建有神庙，同时又是城市防卫要塞。

卫城中最早的建筑是雅典娜神庙和其他宗教建筑。雅典卫城，也称为雅典的阿克罗波利斯，出自希腊之名，原意为“高处的城市”或“高丘上的城邦”。雅典卫城包括希腊古典艺术最伟大的四大杰作——帕特农神庙、通廊、厄瑞克修姆庙和雅典娜胜利神庙，诠释了一千多年来在希腊繁荣、兴盛的文明，神话和宗教，可被视为世界遗产理念的象征。

知识拓展

古希腊人认为橄榄树是雅典保护神雅典娜带到人间的人类和平幸福的神圣象征，古代奥林匹克运动会的奖品就是橄榄枝编成的花环。

2 帕特农神庙，为歌颂胜利而建

你们可能不知道，雅典娜女神还有一个名字，叫帕特农，是不是有点奇怪？其实帕特农是贞女的意思。那么你们知道人们为什么会修建帕特农神庙吗？

他们是为了歌颂雅典战胜波斯侵略者的胜利而建的帕特农神庙。

公元前 490 年，波斯王国庞大的舰队横渡爱琴海，在雅典城东北 60 千米的马拉松平原登陆。当时的波斯王国有 10 万大军，而雅典集结的军队只有 1 万多人，但是因为雅典的军官指挥得当，最后打败了波斯王国的军队。

此次胜利后，雅典人民认为是雅典娜守护了他们，所以建立了帕特农神庙用于祭祀雅典娜。帕特农神庙呈长方形，庙内有前殿、正殿和后殿。神庙基座占地面积 213 平方米，有半个足球场那么大，46 根高 10.3 米的大理石柱撑起了神庙。

知识拓展

公元前 6 世纪，波斯人被米底王国统治，后在居鲁士二世的领导下反抗米底，公元前 550 年灭掉米底王国，建立波斯帝国。

在神庙中原来还供奉着一尊高达 12 米的雅典娜女神雕像。神像设计灵巧，可以搬动或转移隐蔽。雅典娜女神雕像是这样的：她站立着，长矛靠在肩上，盾牌放在身边，右手托着一个黄金和象牙雕的胜利之神。

除了雅典女神的雕像，神庙中还有 92 块间板浮雕，用的是神话传说中希腊人与异族斗争并取得胜利的故事作为题材，大概是比喻希腊与波斯的那场生死存亡的战争。由于间板是四方形的，每块浮雕一般只刻一幅厮杀图景。浮雕中仔细雕刻了 192 个骑兵，这正是雅典人击败波斯侵略者牺牲的总数。

3 伊瑞克提翁神庙是神争夺地

伊瑞克提翁神庙，位于埃雷赫修神庙南面的一块凹凸不平的高地上，建于公元前 421 年—公元前 405 年，是雅典卫城建筑中爱奥尼亚样式的典型代表，是培里克里斯制订的重建卫城计划中最后完成的一座重要建筑，设计非常精巧。伊瑞克提翁神庙有三个神殿，分别供奉希腊的主神宙斯、海神波塞冬、铁匠之神赫菲斯托斯，分别有两条别具特色的柱廊把它们连接起来。

神庙所在的位置是传说中雅典娜女神和海神波塞冬争做雅典守护神而进行斗智的地方。北方廊柱的天花板和地板上都有方形孔，据说是被波塞冬的三叉戟刺破的。

伊瑞克提翁神庙东区是传统的 6 柱门面，向南采取虚厅形式。南端用 6 根大理石雕刻而成的少女像柱代替石柱顶起石顶，充分体现了建筑师的智慧，她们长裙束胸，轻盈飘忽，头顶千斤，亭亭玉立。神庙建筑历经沧桑，如今也只能依据这 6 根少女像柱想象当年的繁华了。

这个神庙的名字不容易让人记住，但那 6 个美少女却刻在了人们的心中，少女石柱是这里的代名词。如今卫城山上的

6个美少女像柱都已经不是原物了，而是复制品，有5个原物在卫城博物馆，另一个在英国的博物馆中。

知识拓展

传说少女脚下便是神话中雅典的始祖、阿提卡地区的国王刻克罗普斯的墓地。这位国王也是雅典娜和波塞冬争夺雅典守护神时的见证人。

四　与古希腊神话相关的建筑

希腊神话是原始氏族社会的精神产物，也是欧洲最早的文学形式，大约产生于公元前 8 世纪。

1 波塞冬神庙是古希腊三大经典柱式之一

波塞冬是古希腊众神之一，传说中海神波塞冬是宙斯的哥哥，他能力超凡，掌管大海和一切水域。他的坐骑是一头巨大如山的鲸，其权力仅在宙斯一人之下。在神话里，波塞冬手中的武器为三叉戟，是力量的象征，不仅可以引发地震和海啸，也能击碎岩石，引出浇灌农田的清泉，所以深受人们喜爱。

为此，从公元前 5 世纪初开始，人们为了纪念波塞冬建造了这座波塞冬神庙。不过令人遗憾的是，在它的建筑工程还没有完成的时候，便受到了波斯人战争的毁灭性侵袭。

现在我们所看到的遗迹则是在公元前 440 年一公元前 445 年间在原波塞冬神庙遗址上重新建造的多立克式石柱的建筑，其内部构造包括希腊建筑中常见的门廊、内殿、后殿三大部分。

波塞冬神庙虽然不及雅典娜神庙富丽恢宏，却一点儿也不寒碜。十几根残留的石柱展示着应有的尊严，它逼临爱琴海，傲视苍穹，占据了远近的制高点。

我们可以换一种方式来看，雅典娜被供在卫城的香火里，倒远不如波塞冬闲居郊野，呼吸着新鲜的海风来得自由自在。

矗立在悬崖之上的波塞冬神庙，看起来是那么孤傲，仿佛亘古以来便在那里接受着众生的朝拜，呼啸的海风便是那称颂的神曲。在夕阳的余晖下，圆柱的身影竟似能触及苍穹。这种感觉，是在卫城所无法体会到的。也许正是因为它的孤独和荒芜，才给人以如此的震撼。

知识拓展

罗马人在帝国后期以罗马神与希腊神对应。与波塞冬对应的罗马神为海神尼普顿，海王星的拉丁名便起源于他。

2 宙斯神庙为祭祀宙斯而建

在希腊神话里，宙斯被称为“众神之王”或“奥林匹斯之王”，同时也是天空与雷电之神。在神话传说里，当他心情好的时候，天上就阳光明媚、晴空万里。当他愤怒时，天空就会乌云密布、电闪雷鸣。

古希腊人非常崇拜宙斯，人们在神话里称宙斯是自己的祖先，因此为了祭祀宙斯，人们给宙斯修建了宙斯神庙。

宙斯神庙刚开始是按照伊奥尼亚风格的建筑建造的，但是后来改用了科林斯式石柱风格，而且都是使用大理石。整个建筑坐落在一块 205 米长、130 米宽的地基上，神庙本身长 107.75 米、宽 41 米，共有 104 根科林斯柱。每根石柱高达 17.25 米，顶端直径达 1.3 米，约计用大理石 1.55 万吨。和众多的古希腊神庙一样，宙斯神庙也遭受严重的破坏，现在只剩下了 13 根石柱。

宙斯神殿是古希腊的宗教中心。神殿位于希腊雅典卫城东南面，依里索斯河畔一处广阔平地的正中央，为古希腊众神之

神宙斯掌管的地区。这个地方尽是黄澄澄的丘陵，但是在古希腊时期，四周环绕着翠谷和清冽溪水，环境幽雅，不远处更有一座密林，绿意浓郁，林中小径两旁更是花木扶疏，争奇斗艳，美不胜收。

在古希腊时代，神殿位于雅典城墙外，到了哈德良帝时代为了扩大雅典城规模，将城墙往外扩展，才把神殿纳入城内。

知识拓展

哈德良是罗马帝国安敦尼王朝的第三位皇帝，五贤帝之一，公元 117—公元 138 年在位。他在位期间，停止东方战争，与帕提亚国王缔结和约，改革官僚制度和法律。

3 赫拉神庙俯瞰整个阿尔戈斯平原

赫拉是古希腊神话中的第三代天后，在神话中赫拉被称为婚姻与生育女神、奥林匹斯十二主神之一，同时她也是众神之王宙斯的妻子。神话中赫拉有着和宙斯一样的权力，在出行时会伴随有雷电。

最初赫拉圣地并不太普及，其发源地是阿尔戈斯，所以人们特别地称她为阿尔戈斯女神。随着她代表的婚姻、道德意义的逐渐形成，她的圣地也开始逐渐流行起来。

人们为了祭祀赫拉，公元前 423 年在阿尔戈斯建立了神庙，它位于艾维亚山脚，俯瞰整个阿尔戈斯平原。在这个神庙里，有赫拉最精美、最珍贵的立像，它是由西西昂的雕刻大师波利克列特用黄金和象牙雕刻而成。

赫拉神庙也是多立克式风格的建筑，在正面有 6 个多利克柱，而侧面有 12 个。内部的结构不甚

清楚，但是肯定具有某些阿提卡元素。在这个平台上的其他建筑，包括历史上最早的边廊结构的院落，其功能可能是供人宴欢之用。在阿尔戈斯，人们每 5 年举行一次祭祀赫拉的活动。

虽然赫拉神庙规模不大，但它却是奥林匹亚遗址当中现存最古老的建筑，也是希腊最早的建筑之一，并且对现代体育运动有着非凡意义。

公元前 776 年，世界上第一届奥林匹克运动会就是在这里举行的，也拉开了奥林匹克运动 2000 多年的序幕。

知识拓展

阿尔戈斯是希腊最古老的城市之一，阿尔戈利斯州首府。其东为肥沃的阿伊韦平原，自早期青铜器时代起，就有人定居。阿尔戈斯有悠久的历史、文化和名胜古迹，是国内外游客常去的旅游点。

4 阿波罗神庙是康复和光明的代表

阿波罗是古希腊神话中光明、预言、音乐和医药之神，同时也是消灾解难之神，还是人类文明、迁徙和航海者的保护神。

由于希腊神话年代久远，现代人对神话体系中许多人物的身份和地位产生了巨大的误会和认知，就比如“太阳神等同于阿波罗”的这种认识。

可以明确地说，阿波罗有太阳神属性，但他的主职是预言之神、光明之神。

在希腊神话里，阿波罗在众神中最受推崇。他是希腊神话中最多才多艺，也是最美最英俊的男神，同时是男性美的象征。这是一位永生的神，是光源与力量本身。人们通常用天鹅、鹰、狼和知了作为献给他的祭品。

在古希腊人的眼中，太阳光是杀敌人的工具，所以阿波罗在人们心中备受推崇，在公元前 7 世纪左右，古希腊人建造了阿波罗神庙。

阿波罗神庙因火灾和地震破坏曾几度重修，在古希腊时代被认为是世界的中心，也是古希腊的宗教中心和统一的象征。

神庙区还有露天剧场和圣路，圣路两旁有希腊各邦为供奉诸神而兴建的礼物库、祭坛、纪念碑、柱廊等。阿波罗神庙迄今已有两千多年的历史，是爱奥尼亚柱式建筑风格的代表作，而且是古代最大的双柱式的神庙。

知识拓展

阿波罗是光明之神，在阿波罗身上找不到黑暗，他从不说谎，光明磊落，所以他也被称为真理之神。

五　古希腊诞生的哲学家

在古希腊时期出现了很多影响巨大的思想家们，为后来的人类文明的发展奠定了基础。有一些思想一直延续到现在，其中对我们影响最大的就是苏格拉底，柏拉图，还有亚里士多德。

1 泰勒斯是古希腊首位哲学家

泰勒斯出生于公元前 6 世纪的古希腊城邦米利都。在这个位于今日土耳其海岸附近的繁荣港口，泰勒斯创立了首个哲学学派，人们称这个学派为米利都学派。泰勒斯凭着个人的显赫功绩，很快便成为闻名全希腊的杰出人物，他被称为第一位哲学家，与其他名人一同被誉为希腊七贤。

那么泰勒斯到底提出了什么主张，使得他获得了第一位哲学家的称号呢？

泰勒斯提出了“水是万物的本源”，刚开始人们都觉得这句话很荒唐，难道这位哲学家真是个疯子？我们不妨来了解泰勒斯是如何提出这样的思路的。

泰勒斯发现，世界上存在着各种不同的事物，例如土壤、云与海洋。有时候，这些事物又会转变成另一些事物，不过它们在一些方面却依然相似。他需要解释这些现象。

泰勒斯认为，无论这些事物之间有多大差异，它们之中仍然有一种元素是这些事物的基础。同时，在事物的变化之中也一定包含了某种不变的元素。这个元素便是构成宇宙万物与变化的本源。而他的答案便是水。

泰勒斯观察到事物都是以湿润的东西为养分，而水是湿润的来源；水对生命来说也是必不可少的。基于上述原因，泰勒斯认为水是万物的本源。

泰勒斯认为，大地是由水支撑的，它像一只船那样漂浮在水上。地震实际上是由水的运动而引起的摆动。这种说法现在听起来自然是无稽之谈，但是在当时突破了地震是神谴征兆的普遍观念，从而迈向于科学说明的自然解释。

泰勒斯的结论无疑是错误的，但关键是他从神话思维进步到逻辑思维。这一过程标志着人类开始脱离神话世界，用科学的理性思维来理解自然世界，这便是泰勒斯最伟大的地方。

知识拓展

米利都是位于安纳托利亚西海岸线上的一座古希腊城邦，靠近米安得尔河口。公元前1500年左右，一些从克里特岛来的移民定居于此。随后，这个城市就成为爱奥尼亚十二城邦之一。

2 赫拉克利特的神秘哲学

爱菲斯是爱奥尼亚地区的一个繁荣的港口城市，距离米利都不远。哲人赫拉克利特就出生在那里，他是第一个为哲学献身的人。他出身爱菲斯王族，原本是王位的继承人，却因为热爱哲学而将王位让给了弟弟。

赫拉克利特的哲学是偏向神秘的，却又不同于一般的神秘。他认为，宇宙处在永不停息的运动和变化之中，没有一件事物是永恒的。这样就否定了米利都学派寻求万物单质同一的物质本源的可能性。在他看来，宇宙中唯一真实的就是这运动和变化本身。

为了突出宇宙这一永恒持续流变的特性，赫拉克利特选择火作为万物的本源。这是因为火具有永不停息、永远活动的特征。火本身并不是实体，只是作为万物永不停息、持续流变的过程的物理标志。

知识拓展

伊奥尼亚是古希腊时代对今天土耳其安那托利亚西南海岸地区的称呼，即爱琴海东岸的希腊爱奥尼亚人定居地。

赫拉克利特还提出了对立统一的思想，他觉得世界中的每一个物体都有一个对立面，对立面之间能相互转化。赫拉克利特从日常的生活中研究出，对立的双方在此基础上是相互转换、相互统一、相互依存的，他因此被人称为辩证法的奠基人。

赫拉克利特的著作《论自然》对哲学界做出了巨大贡献，其内容是有关万物、政治、神灵的，但是这本书并没有从久远的古希腊保存下来，现在人们能找到的只有 130 多篇残卷，记载着辩证法的前后由来，内容相当难懂。赫拉克利特的贡献巨大，被世人称为晦涩哲人，这也是世人对他的贡献的认可。

3 数学之父毕达哥拉斯

毕达哥拉斯被称为“数学之父”，他是古希腊的著名数学家、哲学家。

他出生于爱琴海上的一座美丽的小岛上。出身于贵族家庭的毕达哥拉斯不像普通的贵族青年那样，旺盛的好奇心使他从小就对这个世界充满了想象。年幼的毕达哥拉斯曾经在叙利亚地区受到过东方宗教和文化的熏陶，这段经历对他的哲学观点也产生了很大的影响。

毕达哥拉斯从叙利亚地区回到古希腊后，创立了毕达哥拉斯学派。

毕达哥拉斯学派对数字的崇拜是令人震惊的，在那个大部分人只信仰虚无缥缈的神灵的时代，这种新信仰甚至被很多人认为是邪教，非常危险。毕达哥拉斯告诉他的学员们，数乃是万物的本质，所有的真理都可以用数来表示。同时他还教导追随者们，这个世界之所以能够以现在这样的状态稳定运行，全都拜数字所赐，所以这些数字非常神圣。

就拿音乐里的音符作为例子，音符的长短不同，根据音符长短的协调比例的数据配比，最后才能构成和谐的音乐。而拿天上的太阳、火星或者地球等的运动来说，由于不同天体有其精确的运行轨道，才有了其和谐的运动轨道。而毕达哥拉斯学派根据数字对于和谐的追求还体现在美学上，所以他发明了事物的黄金比例。

这对于后世的审美影响非常深远。而我们所熟悉的勾股定理也是毕达哥拉斯发明的，这成为数学研究的一个基本的定理。

毕达哥拉斯学派于公元前6世纪末产生，在公元前5世纪末毕达哥拉斯被残害致死后解散。这个学派的存在及其探讨的人文、数学等方面都对这个世界产生了深远的影响。

知识拓展

在古希腊时期，有一天毕达哥拉斯走在街上，在经过铁匠铺前他听到铁匠打铁的声音非常好听，于是驻足倾听。他发现铁匠打铁节奏很有规律，这个声音的比例被毕达哥拉斯用数学的方式表达出来。这就是黄金比例的由来。

4 苏格拉底为拯救思想而献身

公元前399年6月的一个傍晚，雅典监狱中一位年届七旬的老人就要被处决了。只见他衣衫褴褛，散发赤足，而面容却镇定自若。打发走妻子、家属后，他与几个朋友侃侃而谈，似乎忘记了就要到来的处决。直到狱卒端了一杯毒汁进来，他才收住“话匣子”，接过杯子，一饮而尽。之后，他躺下来，微笑着对前来告别的朋友说，他曾吃过邻人的一只鸡，还没给钱，请替他偿还。说完，老人安详地闭上双眼，睡去了。这位老人就是大哲学家苏格拉底。

苏格拉底和他的学生柏拉图，以及柏拉图的学生亚里士多德被并称为“古希腊三贤”，更被后人广泛认为是西方哲学的奠基者。伟人苏格拉底的一生经历了雅典民主制度由盛到衰的过程。

面对处于灾难和衰落的祖国，苏格拉底不仅用自己的身体、更是用自己深刻的哲学思想和教育实践，企图挽回这一切。他的影响是巨大的。

知识拓展

苏格拉底的代表作品有：《克堤拉斯篇》《泰阿泰德篇》《智士篇》《政治家篇》。

苏格拉底是古希腊哲学划时代的人物，在他之前有我们提到的泰勒斯、赫拉克利特、毕达哥拉斯，他们的学说都是以古希腊为中心，主要是从古希腊神话发展为宇宙研究的自然哲学。

从苏格拉底开始，古希腊哲学从原始的自然哲学转变到对社会和人的研究。

人们常说，苏格拉底是从天上来的，他极力主张以探究人事为主要任务，通过这些探讨让人们明白，人生到底应该追求什么，以及如何获取真正的幸福。

所以苏格拉底以一种对哲学的崭新理解开创了古希腊哲学的新纪元，他是为追求真理而死的圣人。

5 柏拉图的幽默诙谐让人敬仰

柏拉图是古希腊哲学家，也是全部西方哲学乃至整个西方文化最伟大的哲学家和思想家之一，他和老师苏格拉底、学生亚里士多德并称为古希腊三大哲学家。

其实，柏拉图年轻时就非常有成就。有一个朋友对他的哲学思想非常敬佩，因此送给他一把精致漂亮的椅子作为礼物，以表示对他的观点的认同。

过了几天，一些朋友到柏拉图家里来做客，大家都看到了那把漂亮的椅子。问明来处之后，其中一个人突然跳上了那把椅子，疯狂地在上面乱踩乱踏！并一边嚷着："这把椅子代表着柏拉图心中的骄傲与虚荣，我要把他的虚荣给

踩烂！”

在场的人都吓了一跳，认为柏拉图准得发火，他被那位朋友弄得如此难堪，会不会当场把那朋友赶出家门？只见柏拉图不疾不徐地回房拿出了块抹布，温和地把被踩得脏兮兮的椅子擦拭干净，并请那位激动踩椅子的朋友坐下，幽默诙谐但具深意地说：“谢谢您帮我踩掉心中的虚荣，现在我也帮您擦去心中的嫉妒，您可以心平气和地坐下和大家喝茶聊天了吗？”

知识拓展

柏拉图创造或发展的概念包括：柏拉图思想、柏拉图主义、柏拉图式爱情等。

这么几句话，让在场的每位朋友无不啧啧赞叹，都对哲学家柏拉图的大度所折服，同时也为他的幽默诙谐而感到敬仰。

后来柏拉图留下了许多著作，多数以对话体写成，常被后人引用的有：《辩诉篇》《曼诺篇》《理想国》《智者篇》《法律篇》等，其中《理想国》是其中的代表作。柏拉图对世界影响深远。

6 亚里士多德是古希腊哲学的集大成者

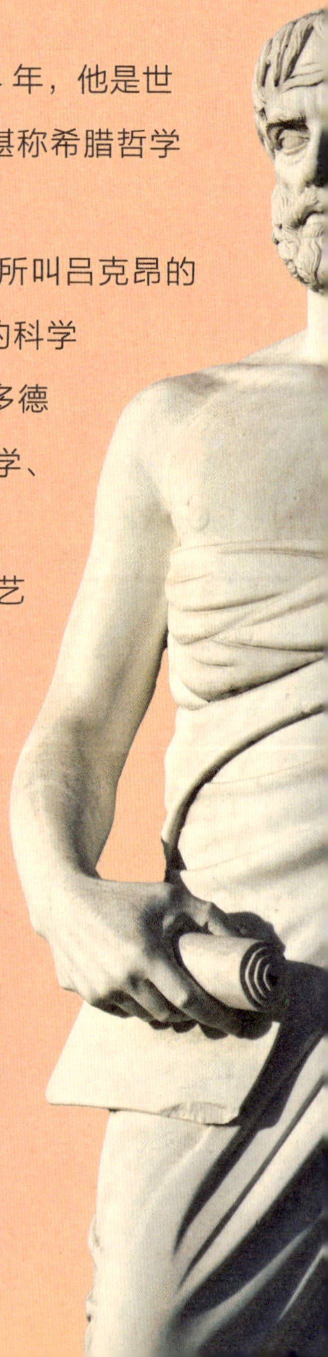

亚里士多德是古希腊人，出生于公元前 384 年，他是世界古代史上伟大的哲学家、科学家和教育家，堪称希腊哲学的集大成者。同时他还是柏拉图的学生。

公元前 335 年，亚里士多德在雅典办了一所叫吕克昂的学校，被称为逍遥学派。作为一位百科全书式的科学家，他几乎对每个学科都做出了贡献。亚里士多德的著作构建了西方哲学的第一个包含道德、美学、逻辑和科学、政治和玄学的广泛系统。

亚里士多德以渊博的学识、深邃的思想和艺术的境界抒写他的每一段时光。他活着已经超越了周围的一般人，他为一种精神而活着，那就是要成为人类精神的领袖。

有人问大哲学家亚里士多德："你和平庸的人有什么不同的地方？"亚里士多德回答："他们活着是为了吃饭，而我吃饭是为了活着。"

他活着有自己的追求，吃只是物质的，而

他追求的是精神的，平庸的人只是为了填饱肚子而没有其他更高层次的追求！

总体来说，亚里士多德总结了泰勒斯以来古希腊哲学发展的结果，首次将哲学和其他科学区别开来，开创了逻辑学、伦理学、政治学和生物学等学科的独立研究。他的学术思想对西方文化、科学的发展产生了巨大的影响。

知识拓展

苏格拉底是亚历山大的老师，亚历山大大帝是马其顿王国国王，他是世界古代史上杰出的军事家和政治家，西方历史上四大军事统帅之首，其他三人为汉尼拔、恺撒、拿破仑。

六　古希腊饮食风俗

古希腊烹饪是西方饮食文明之源。原因是古希腊的主要食物、烹调方法，尤其是格局与品种，都直接影响着西方许多国家的饮食烹饪。关于古希腊烹饪的情况，在公元前 8 世纪以前主要见于荷马史诗《伊利亚特》和《奥德赛》，还有一些出土文物可以提供部分线索。根据这些资料和文物，从饮食生活概况、主要食物原料、烹调技术、正餐与宴会等方面，我们可以勾勒一番古希腊饮食烹饪的轮廓。

1 古希腊饮食起源和习惯

古希腊饮食文明是建立在葡萄酒和橄榄油基础上的。古希腊用橄榄榨制橄榄油，不仅供本国人使用，而且外销其他国家。

古希腊也从国外引进许多新的水果、蔬菜和调味料等，进一步丰富了食物原料。在公元前 5 世纪以前，希腊人就已经种植了大量不同种类、不同品质的水果和蔬菜，它们在质量、成熟时间和需要的土壤、水分等方面各有不同，能在一定程度上满足当时人们的饮食需要。其中，葡萄和橄榄的产量大、质量最好，古希腊人还用葡萄酿造出美酒。丰富的食材使古希腊美食成为经久不衰沿袭至今的最具文明特色的饮食文化。

在古代希腊，人们通常一天吃两顿饭，第一顿饭在临近中

午的时候吃，较为简单清淡；第二顿饭在临近黄昏时吃，较为丰富浓厚，常常被视为大餐。在有闲阶层里，第二顿饭可能演变成一个酒菜丰富的社交聚会，并且持续整个晚上。

进餐的地方通常在一个公共大厅。古希腊人会在家中选择一个主要的房间作为进餐的地方，里面放着桌椅或凳子供人们使用。

而在雅典和其他一些城市里，中等和上等阶层的房子很多，还有专门供男人们进餐和娱乐的房间。在这个房间里备有沙发和小桌，每张沙发上可以躺一人或两人。进餐时，每张沙发前或每个人面前都要放置一张干净的小桌，桌上放刚刚烹饪好的菜肴、面包和美酒，人们常常斜靠在沙发上将菜放在面包上直接用手拿着吃。如果是汤菜，则盛入小碗中食用，上甜点后就要把餐桌换掉。接下来的娱乐活动，可以由主人或参加者组织、安排，内容包括唱歌、猜谜、杂耍和其他竞争性游戏。

在当时的情况下，男人与家庭的其他人分开进餐。家中的奴隶、儿童不论男女，都只能与家庭主妇一起进餐。

当时人们最喜欢用各种辛香料和食物来调味，包括葡萄干、橄榄、刺山柑、洋葱、大蒜、孜然、芝麻、杏仁，以及橄榄油、醋、葡萄汁、蛋、盐和腌渍的鱼肉，也包括百里香、牛至、茴香、莳萝、芸香、洋苏草、欧芹、无花果叶子及其他香草等。而用这些香草进行调味的方法在后来的西方各国烹饪中被广泛使用，一直延续至今。此外，古希腊的雅典人还喜欢使用一种来自远方的调料——埋葬虫。人们常常将埋葬虫的体液制干后作为调料加入菜肴中，使菜肴拥有非常别致的风味。

在古希腊，正餐与宴会通常采用大致相同的格局和组成，其菜点品种也相差无几。

开始时先上一篮子烤面包，然后是第一道菜，由各种开胃食物和调料组成。第二道菜由海产品和蔬菜、水果组成，仍然伴有面包。这道菜可以是生食的牡蛎、海胆；可以是油炸的小虾、鱿鱼片，烤或煮的鳃鱼片、鳗鱼片、金枪鱼片、桑葚香肠；还可以是甜面粉糕饼、甜馅咸鱼和配有奶酪的菜肴等。而龙须菜、花椰菜、白菜及其他蔬菜和各种各样的橄榄、蒜头就作为菜肴的装饰物。

第三道为主菜，由鱼类、家禽家畜或其他肉类组成，并配以酒。最常出现在菜单上的主菜，有鳕鱼、金枪鱼、海产鲈鱼、鳃鱼、蝶鱼及红色和灰色的胭脂鱼等鱼类，以及鸡肉、鸭肉、鹅肉、牛肉、猪肉、羊肉、野兔肉等。这些禽畜都必须按要求由专门的肉厨屠宰和烹饪，并且要求有适当的宗教仪式。如果认为这样做过于昂贵，那么主菜可能就仅限于鱼类了。第四道是餐后甜点，多由蛋糕、奶酪和干鲜果品组成。餐后甜点，也

称为第二席，其蛋糕非常香甜，有着浓郁的蜂蜜味和芝麻味。干鲜果品包括胡桃、杏仁、无花果、梨子、葡萄和葡萄干等。

正餐最初的两道菜都少不了面包，而第三道菜则少不了酒，而且酒是主菜和餐后甜点之间的最佳选择，也是餐后甜点和饭后闲谈及娱乐活动中的必备之物。在那时，酒通常要加水稀释以使人喝得更多，而马其顿王国的酒是最受欢迎的酒品之一。

知识拓展

所有西餐风味流派的正餐与宴会格局的蓝本时至今日依然没有太大改变，西式正餐格局仍大多是开胃菜、汤、主菜和甜点等，只是其组成有所不同，而且酒中很少掺水或完全不掺水。

随着时代的发展和古希腊文化的广泛传播，上述的正餐与宴会格局也得到广泛流传。

2 古希腊城市与乡村饮食

波希战争的胜利极大加剧了古希腊人的自豪感，希腊人和非希腊人之间的区别被大家看重。如何凸显希腊作为文明人的优越性显得尤为重要。饮食作为他们优越感的代表，具有一定的独特性。比如，古希腊人特别注重区分城里人和乡村人，从烹调方法到食用的食材，都有所不同。

对于大部分乡村的人们来说，生活在城市里比较难，城市中的人吃的食物也不是那么值得羡慕的。大多数人在城市中都吃面包、橄榄油和葡萄酒，这些都被他们认为是文明人的食物，只有不耕种的人才吃的食物。虽然不知道这些单调的食物是怎么被他们一天又一天不厌其烦地吃下去的，但是乡村人的食材丰富程度明显高于城市。

乡村的人们不仅仅吃大麦面包、大麦酱或者大麦粥，以及橄榄和无花果等鲜果，还要来点羊奶酪，而羊奶酪就是我们现在常说的菲达奶酪了，偶尔来点咸鱼佐餐，他们还能去野外采集蘑菇、水果和蔬菜来吃。吃蔬菜的时候，还可以加些橄榄油、洋葱、奶酪、大蒜和咸鱼，这简直就是希腊沙拉的原始版本。

就营养和味道上来说，乡村的食物完胜了城中的食物。但是也有例外，比如城中某些土豪饮食就好很多，甚至在雅典发明了一种食品小推车，尽管这种小推车饱受古希腊其他地方批评。小推车上一般放有各种各样的小碟，碟子里面有海胆，甜酒配面包片，贝类，甚至还有鲟鱼，是一种非常豪华的炫耀美食的方式。古希腊人还特别喜欢醋带来的酸溜溜的味道和外国进口的昂贵食品，尤其是酸溜溜味道的偏好影响深远，以至于到现在很多欧洲菜都是酸甜的。

就他们的饮食风格而言，古希腊人和我们一样吃饭。他们一日三餐：醒来吃早餐，在午餐时间休息吃午饭，然后在一天结束的时候吃晚餐。

大多数古希腊人早餐吃的东西都是一样的：蘸了酒的面包。面包是用大麦制成的。古希腊人也吃一种叫作Teganites的东西，它类似于煎饼。是用小麦粉、橄榄油、蜂蜜和凝乳制成的，通常配上蜂蜜或奶酪食用。

午餐被认为是小吃，所以希腊人常常吃相对较清淡的食物，如无花果、咸鱼、奶酪、橄榄和更多的

面包。

晚餐现在仍然是希腊最重要的一餐。在远古时代，每个人都会与朋友聚会，而不是与家人聚会，也许会讨论诸如哲学或者日常事件之类的事情。男人和女人通常分开吃饭，如果一个家庭有奴隶，奴隶会首先为男人提供晚餐，然后是女人，最后才是自己。

如果这个家庭没有奴隶，那么房子里的女人首先为男人服务，当男人们吃完后她们才会吃。晚餐是消耗大部分食物的时候。古希腊人会吃鹌鹑和母鸡、鱼、豆类、橄榄、奶酪、鸡蛋、面包、无花果和他们种植的蔬菜，其中还可能包括芝麻菜、芦笋、卷心菜、胡萝卜和黄瓜。肉是为富人保留的。

葡萄酒是古希腊人的主要饮料，古希腊人在所有餐点或白天都喝葡萄酒。他们主要生产红葡萄酒、白葡萄酒、玫瑰葡萄酒。他们还喝 kykeon，这是一种大麦粥、水、草药和山羊奶酪的组合。

在古希腊时代，甜点是一种简单的享受，古希腊人还没有原糖，因此蜂蜜是主要的甜味剂。用蜂蜜淋上奶酪，无花果或橄榄就是晚餐。

穿越时空
轻松解锁
古文明

图解古罗马

彭剑峰　著

航空工业出版社
北京

内容提要

古文明是现代文明的基石，它以璀璨的成果和梦幻般的神秘色彩，让无数人为之着迷。《穿越时空，轻松解锁古文明》面向青少年读者讲解古文明发展脉络及兴衰过程，分别是《图解古中国》《图解古埃及》《图解古希腊》《图解古罗马》《图解古波斯》《图解古阿兹特克》6 册，讲述各大文明妙趣横生的传奇故事、名胜古迹、文化贡献和风俗习惯，是广大青少年读者学习古文明、汲取精神财富的好帮手。

图书在版编目（CIP）数据

穿越时空，轻松解锁古文明 . 图解古罗马 / 彭剑峰著 . -- 北京 : 航空工业出版社 , 2022. 5（2023.11 重印）

ISBN 978-7-5165-2966-9

Ⅰ . ①穿… Ⅱ . ①彭… Ⅲ . ①世界史 – 古代史 – 青少年读物②古罗马 – 历史 – 青少年读物 Ⅳ . ① K12–49 ② K126–49

中国版本图书馆 CIP 数据核字 (2022) 第 067651 号

穿越时空，轻松解锁古文明 · 图解古罗马

Chuanyue Shikong，Qingsong Jiesuo Guwenming · Tujie Guluoma

航空工业出版社出版发行

（北京市朝阳区京顺路 5 号曙光大厦 C 座四层　100028）

发行部电话：010–85672688　010–85672689

三河市金兆印刷装订有限公司印刷　　全国各地新华书店经售

2022 年 5 月第 1 版　　2023 年 11 月第 2 次印刷

开本：710 × 915　1 / 16　　字数：45 千字

印张：4　　定价：128.00 元（全 6 册）

简介

古罗马文明，是西方文明的重要起源之一。那里有璀璨的文明、繁荣的商业、完善的法律体系。作为西方文明的发源地，古罗马有着特别的文化传统，他们的生活习俗与我们的大相径庭。孩子们只看文字，可能不好想象古罗马人的生活。在这里，我们会配上生动有趣的插图，帮助孩子们理解古罗马文化，领略古罗马灿烂的文明。

目录

三

古罗马灿烂的文学

四

古罗马建筑群

五 每一个帝王代表一个时代

六 古罗马的饮食习惯

一　古罗马商人，很早之前他们就学会经商了

古罗马的商人是很精明的，那个时代的人大部分经商，不像中国古代的人那样大部分以农业为主。所以，在古罗马的城堡里，随处可见经商人士。

那么，你知道那时候人们为什么这么喜欢经商吗?

1 奴隶泛滥，经济出现繁荣景象

古罗马人从事的商业活动种类极其繁多且兴旺无比。他们不太重视手工艺或者建筑和行医这类要动手实践的工作，并且认为这些工作限制了自由的人们。

他们并没有明确商品生产和商品销售之间的区别，比如鞋匠或打铁匠也出卖自己的商品，他们没有生产者和商人的概念。比如，来自庞贝的一些壁画将商贩在广场摆摊的画面描绘得惟妙惟肖：一个卖大篮子和桶的男人把东西放在自己周围的地面上摊开，而大量的工具则放在摊位上；接着是一个鞋匠、一个布商和一个白铁匠；一个顾客正在仔细挑看铜壶和盘子。由于在很大程度上受罗马帝国时期壮丽的纪念性建筑的影响，所有

与建筑有关的行业，例如建筑师、石匠、大理石工、雕刻师、砌砖工人和木工等，在考古发掘中都得到了很好的反映。

我们已经领略到数量巨大、种类繁多的工具，如矩尺、悬垂、圆规和锯等，其中一些工具还完好如新。一些在玻璃和金属制造中使用的工具，如斧子、刨子和钳子，在之后的生活中依旧可以使用。

每座城市都拥有商店，尤其是食品店这样良好的服务设施。它们给我们留下了各种石质、铜质的秤及秤锤。在这些用具中，有一对有两个秤盘的天秤，其中一个盘内装有一个平衡锤，类似猪形秤砣；还有一种是只有一个秤盘的罗马铜杆秤，在长长的秤臂末端有一个可移动的秤砣，工匠可以依据自己的喜好把秤砣做成各种各样的形状。

市场上的菜农和渔民都将自己的产品直接卖给市场消费者。根据罗马和庞贝发现的各种证据，我们可以得出这样的判断：烤面包这样的职业似乎尤为有利可图，因为在罗马装饰精美的马库斯·弗吉利乌斯·欧里萨斯的石棺上就描绘着

制作面包的全过程。而泰伦提乌斯·尼欧则是庞贝的一个著名人物，他与自己的面包房相邻而居，还在屋内一面墙壁上为后人留下了一幅与其妻在一起的感人至深的肖像画。

古罗马时代总共有 160 多种行业，其中我们拥有大量资料辅证的一个行业就是医生。这个行业不断被拉丁作家所提及，

在各处发现的数量众多的物品和仪器中也有记载。公元前 3 世纪末，当古罗马开始与希腊和东方世界接触时，符合科学规律的医学才开始在理性原则的基础上建立起来。实际上，第一批到古罗马和意大利各地行医的医生是古希腊人。

直到公元前 1 世纪，当古罗马皇帝开始让私人医生侍奉左右时，医生这一职业才真正发展起来。随着时间的流逝，各种医学专科形成了，尤其是治疗眼睛的。众多材料证实，眼病已经发展成为当时最普遍的一种疾病。药物是由动物或植物原料制成，被保存在有很多格的小青铜箱子里。医生随身携带着这种小箱子和保存在圆形筒内的器械周游四方。

古罗马人认为，外科手术是一种极其愚蠢的治疗方法。即

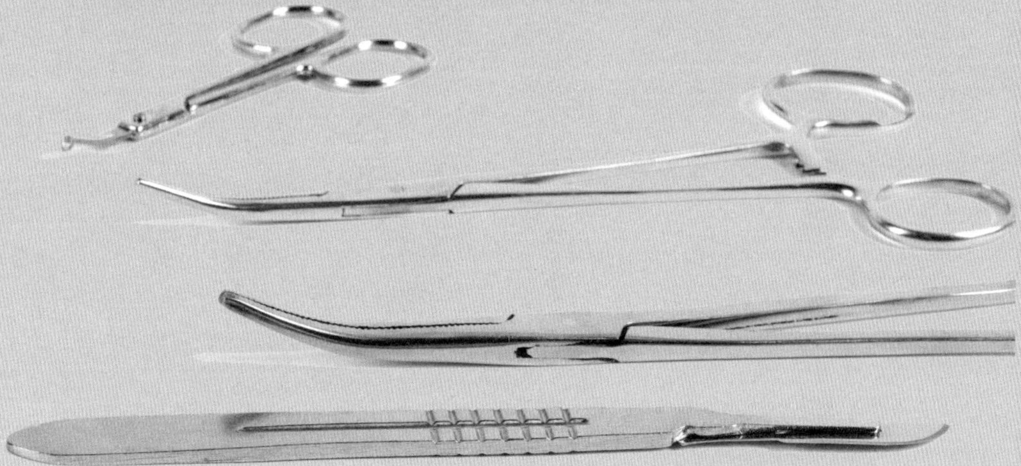

便这样，我们还是了解到包括钳子、钩子、解剖刀和探针在内的大量的外科器械。还有一些是在庞贝和赫库兰尼姆发现的，例如子宫扩张器等高度精密的器械。

知识拓展

古罗马的商业很繁荣，繁荣到一定程度的时候，娱乐业开始发达起来了。古罗马人建立了很多宏伟的建筑物，但是这些建筑物都是用来满足贵族和帝王的娱乐的。这样腐朽的现象，注定了古罗马文明不会长久。

2 没有农业的商业社会

古罗马工商业经济发达，奴隶制经济繁荣。早期的经济是类似于古希腊的。可在帝国时期，由于对外征战，古罗马获得大量奴隶，奴隶流入古罗马，大批地投入劳动，出现了奴隶经济，与自由民经济形成了竞争。

随着奴隶劳动的扩大，奴隶成为社会的基础，古罗马大规模地使用奴隶，在工业中奴隶劳动也占重要地位。奴隶之所以被如此广泛地使用，一是由于奴隶源源不断地来，二是由于使用奴隶劳动比使用自由民劳动更为有利可图。这是因为奴隶可以被不停地驱使去劳动，价格又便宜，并且奴隶不用服军役。这样，大规模的奴隶劳动就出现了。

它具有极大的竞争性，严重地排斥着小农经济。我们看到的古罗马经济的繁荣，实际上是奴隶经济的繁荣。在那段时期内，它表现得非常具有“经济性”；与此同时，小农劳动由于无法与之竞争，独立的小农被逼得走投无路，于是便抵押了部分，甚至是全部的土地迁往别处，或流落在城市中做流民。农民破产，农业开始衰败，整个帝国的经济基础被破坏。

随着古罗马的征战的结束，奴隶来源不再广泛，价格上升，而且奴隶表现得更不具有积极性；同时整个帝国的产品市场不再存在，这时奴隶制经济就不再有利可图了。但农业基础已被破坏，帝国无可奈何地走向了衰落。帝国统治者此时想挽救本国的农业，于是将大土地分成了小块的土地让农民去耕作，不许他们流动，希望能稳定税收和剥削情况。这些耕作者成为农奴或隶农，“自由的人只剩下无产者、乞丐和强盗”。但是这并未能改变现实，古罗马终于还是被灭亡了。

知识拓展

我们一定要珍惜农业，对农业有所了解，只有丰衣足食，才能有足够的社会资本做其他产业。

二　最早的法律，原来是古罗马人发明的

古罗马对西方文明最重要的贡献之一就是其完备的法律体系，包括公民法（仅适用于古罗马公民）、自然法（适用于所有人）和国家关系法（用于调节古罗马人与其他民族之间的关系）。从公元2世纪至6世纪，《罗马法》经历了一个不断补充和完善的过程，至公元534年在东罗马帝国国王查士丁尼的主持下编撰完成并颁布施行，后人称之为《民法大全》或《法的阶梯》，其基本思想和原则已融入西方乃至世界各国的法律中。

1 公民法，古罗马人很早就知道了法律的重要性

罗马公民法这种法律制度由公元前 450 年开始公布的《十二铜表法》逐渐演变而来。在共和国的最后几个世纪，《十二铜表法》已被新条例和新原则的发展所取代。

《十二铜表法》适用于罗马共和国的早期公民（公元前 5 世纪中期），公民法适用于罗马共和国的中期公民（公元前 5 世纪中期一前 3 世纪中期）。这些新条例和新原则有不同的来源：有的来自习惯上的变化；有的来自斯多亚派教义；有的来自判决书，尤其是大法官的文告。

古罗马大法官是有权维护和解释特殊诉讼法和向陪审团发布判决案件指示的高级行政官。陪审团仅解决事实问题，全部法律争端要由大法官裁决，一般来说，他的解释就成了未来判决类似案件的先例。因此，古罗马一系列司法程序的建立，同后来英国的习惯法有某些相似之处。

罗马法达到其鼎盛阶段是在元首制时期。这种进步，部分是由于法律扩大到更加广泛的司法领域，如不仅扩大到异地外来人的生活和财产方面，也扩大到罗马公民方面；但更主要的原因是：奥古斯都和他的继承人授权给一些杰出的法学家，让他们在法庭审判时对案件的法律争议问题发表意见。

在公元 2 世纪至 3 世纪之间，罗马先后出现五大著名法学家：盖尤斯、帕比尼安、保罗、乌尔比安和莫迪斯蒂努斯。罗马皇帝曾颁布引证法，规定凡在法律上遇到难题而成文法无明确规定时，则依照他们的著作来解决。

由于罗马法是在法学家的影响下发展起来的，因而它由 3 个分支组成，这就是公民法、万民法和自然法。公民法基本上是罗马及其公民的法律。它是以成文和非成文两种形式存在着，包括元老院的法令、元首的命令、大法官的布告，也包括一些具有法律效力的古代习惯，当然《十二铜表法》也包括在内。

知识拓展

古罗马文明，很重要的一点是他们很早就发现了法律的重要性，他们发明的公民法至今都有影响。从此，人们的生活开始有了法律的约束。

2 万民法

万民法比公民法的体系更加完备，使用起来简便灵活，更适合用于维护罗马奴隶制和社会经济关系。万民法具有某种国际法和自然法的性质，就连现代国际法的语源都产生于公元前 242 年的万民法。可以说，万民法给人们带来了许多好处。

到了公元前 3 世纪后，万民法的原则便移用到公民法中，古罗马非公民取得公民权后，与公民法在内容上逐渐融合，查士丁尼民法典颁布后，两者最终统一。

三 古罗马灿烂的文学

1 共和时代的诗歌和喜剧

有个人，他对古罗马文学的正式形成，具有非常重要的意义，你知道他是谁吗?

他就是生活在公元前 3 世纪的一个希腊人，他叫作利维乌斯·安德罗尼库斯。这么长名字的人，却能让人记着，就是因为他是古罗马文学的奠基人。

他对古罗马文学有两大作用。第一，他翻译了荷马史诗《奥德赛》和大量古希腊抒情诗。第二，他把古希腊文学中的好作品和文学形式传播给古罗马。

诗歌

早期的古罗马诗人中有很多全能型作家。诗人埃纽斯就是其中一个。埃纽斯非常厉害，他不仅创作过悲剧，而且还写过很多戏剧和讽刺诗。他的史诗作品《编年史》记录了古罗马的历史，主要写了他在埃涅阿斯的经历，以及诗人自己生活年代的战争。全书一共有 18 卷，不过已基本丢失，仅剩不到 600 行传给世人。

埃纽斯的《编年史》影响了很多人。从文学史角度看，《编年史》用了不同的写作格式，他决定不用古老的神农格，而是采用荷马史诗所用的六音步长短短格；在风格上，《编年史》有明显的模仿《荷马史诗》的痕迹。埃纽斯对古罗马文学影响深远，西塞罗、卢克莱修和维吉尔都表示自己曾受其影响，他被尊为“古罗马文学之父”。

喜剧

普劳图斯精通古希腊文，是共和时代最著名的剧作家。相传普劳图斯著有戏剧 130 部，但据考证仅有 21 部出自他的手笔，其他均系后人伪作。他的喜剧主要以古希腊新喜剧作家米南德的风俗喜剧为蓝本改作，讽刺古罗马社会的腐化风习。其主要作品包括《孪生兄弟》《俘虏》《商人》《驴》《蝗虫》等。

泰伦提乌斯生于迦太基，本是奴隶，后来获释。他一生共写过六部喜剧，包括《婆母》《两兄弟》等代表作品都是从古希腊新喜剧改编或翻译过来的。其喜剧结构严谨，层次清晰，语言高雅丰富，人物内心矛盾刻画细腻，人物形象自然。他的

喜剧不如普劳图斯的滑稽有趣，在当时仅受到有教养的观众喜爱。泰伦斯对后世的喜剧产生了相当大的影响，法国的莫里哀、英国的斯梯尔和谢里丹都曾模仿过他。

2 黄金时代的散文

很久之前，有一个时代非常有名，那时候的人们个个都是演说家，个个都能说会道，那是一个什么时期？那时候发生了什么？我们一起来看一看吧。

我们回到公元前 100 年到公元 17 年，那时候的古罗马，我们称之为古罗马的“黄金时代”。它是讲拉丁语的人们文学发展史上的辉煌时期，其中有一个非常出名的人物，叫屋大维。

屋大维是个国王，他本人很喜欢文学，也十分重视文化建设。他拉拢文学家为自己的文化政策服务，这一时期的大文豪维吉尔、贺拉斯、奥维德等都曾是他的御用作家。正是由于这个原因，这一时期的文学作品不再是懒懒散散、没有规格的，而是技巧更趋成熟，形式更加完美的文学。

有一种文学体裁叫作散文，古罗马的散文发展得很早。古罗马的散文发源于加图的演说文，又经过了文学家等人的不断改进发展，繁荣于“黄金时代”，也是古罗马在屋大维执政的时期。由于这一时期古罗马的政治斗争、人们的矛盾异常激烈，法律体系开始形成，这使得许多政治家热心于对雄辩术的研究，散文这一文体得以迅速发展。

古罗马散文发展得这么好，肯定有很多杰出的散文家，让我们来找找这些人吧。

首先，我们来看这样一个人，他曾经做过律师，当过总督，可他最出名的都不是这些身份，他就是这一时期最著名的散文家——西塞罗。西塞罗是一位热爱学习的散文家，他从小就学习过哲学和法律，而且学得非常好，成年后做过一段时间律师，43 岁进入政界任执政官，后来担任西西里总督，其间不断地创作散文。

西塞罗的主要散文成就是演说词和书信，他写的书信现在存有约 900 封，主要包括《致阿提库斯书》16 卷、《致友人

书》16卷。这些书信反映了古罗马共和国末期的社会生活，描绘了形形色色的政治人物，风格接近口语。其演说词传世58篇，分为法庭演说和政治演说两类。西塞罗的散文注重演讲材料的组合，每句话都要细细研究，用上很多词语，每段字数要差不多，字音很有力量，这样的句子风格也被称为“西塞罗句法”，因此他的演说具有很强的鼓动力量。

西塞罗对拉丁语散文的贡献非常大，他确立了拉丁语文学语言“准确、流畅、清新、雄浑”的原则。其散文风格对后世影响深远，成为欧洲各个民族学习散文的模范。他政治上的敌人恺撒甚至曾公然称赞他：“你的功绩高于军事将领，扩大知识领域比之于扩大罗马帝国的版图，在意义上更为可贵。”

上面说到恺撒，恺撒是屋大维的养父，也是古罗马历史上有名的军事家、政治家、独裁者，同时他也是一位有名的散文家。他在散文上的贡献主要包括历史著作《高卢战记》7卷和回忆他和庞培之间战争的《内战记》3卷。其散文语言简洁凝练，朴实无华，体现了和西塞罗不一样的风格。

四　古罗马建筑群

1 能容纳九万人的罗马斗兽场

你见过人和狮子、老虎打架吗？想象过如果一只老虎扑向你，你会怎么解决吗？古罗马人用实践行动，来展示人和猛兽之间的搏斗。你甚至可以亲自来到现场，观看真实的搏斗。话不多说，我们赶紧出发吧。

在古罗马，有这么一个神奇的地方，它叫罗马斗兽场，原名弗拉维圆形剧场，又译为罗马角斗场、科洛西姆竞技场。它是当时古罗马帝国专供给奴隶主、贵族和自由民观看斗兽或奴隶角斗的地方。

在此之前，我们了解一下罗马斗兽场的由来。罗马斗兽场由韦斯帕芗皇帝下令修建，是古罗马当时为取悦凯旋的将领士兵和赞美伟大的古罗马帝国而建造的。罗马斗兽场在韦斯帕芗皇帝的儿子提图斯在位期间建成，后来成为古罗马帝国标志性的建筑物之一。

有意思的是，斗兽场不是建在一片空地上，而是建在另一位古罗马皇帝尼禄的“金宫”，也就是这个皇帝的宫殿原址之上，这个宫殿在一场大火中被烧毁。

斗兽场是古罗马举行人兽表演的地方，参加的角斗士要与一只野兽搏斗直到一方死亡为止。除人兽搏斗外也有人与人之间的搏斗。根据古罗马史学家狄奥·卡西乌斯的记载，斗兽场建成时古罗马人举行了为期 100 天的庆祝活动，宰杀了约 9 000 只牲畜。

为什么说可以容纳 9 万人？因为罗马斗兽场是罗马帝国内规模最大的一个椭圆形角斗场，它长轴 187 米、短轴 155 米，周长 527 米，中央为表演区，长轴 86 米、短轴 54 米，地面铺有地板，外面围着层层看台。看台约有 60 排，分为五个区，最下面前排是贵宾（如元老、长官、祭司等）区，第二层供贵族使用，第三区是给富人使用的，第四区由普通公民使用，最后一区则是给底层妇女使用。越穷的人的位置越高，而且还是站席。在观众席上还有用悬索吊挂的天篷，这是用来遮阳的。而且天篷向中间倾斜，便于通风。这些天篷由站在最上层柱廊的水手们像控制风帆那样操控。

2 比房子还大的君士坦丁凯旋门

古罗马有一座比房子还大的门，这座门拔地而起，立在大地上。但也只有这样的一座门立在那里，既没有房子，也没有房门，从此门进去和出来都一样，身边没有什么变化。那究竟是怎样一座门呢？它又有什么意义？

这座门有一个响亮的名字，叫君士坦丁凯旋门。它建于公元 315 年，是为了纪念君士坦丁大帝击败他的死敌马克森提皇帝，并统一罗马帝国后而建的。

但是，君士坦丁凯旋门并不是唯一一座凯旋门。在古罗马时代一共有 21 座凯旋门，到现在罗马城中仅保存有 3 座，君

士坦丁凯旋门就是其中的一座。另外两座位于古罗马广场，一座是塞维鲁凯旋门，一座是提图斯凯旋门。君士坦丁凯旋门就像个展览品，展现出罗马帝国的丰功伟绩。

在凯旋门上方，有很多的浮雕板，这些浮雕板是当时从其他建筑上直接取来的，主要内容为历代皇帝的生平业绩，如安东尼、哈德良等，下面则是君士坦丁大帝的战斗场景。所以君

士坦丁凯旋门虽然是现在仅存罗马三座凯旋门中建造最晚的一座，但仍然可以看出早期罗马艺术的影子，而且保存比较完好，值得一看。

君士坦丁凯旋门是一座由三个拱门组成的凯旋门，高 21 米、面阔 25.7 米、进深 7.4 米。由于它调整了高与阔的比例，横跨在道路中央，显得体形巨大。凯旋门的里里外外雕满了各种浮雕，表面上看去，巨大的凯旋门和丰富的浮雕虽然气派十足，但感觉零零散散，不像是由同一个人制造一样。

造成这样感觉的原因是君士坦丁凯旋门的各个部分本来就不是按照一个完整体来创作的，甚至其中的大部分构件是从过去的一些纪念性建筑，如图拉真广场建筑上的横饰带、哈德良广场上一系列盾形浮雕，以及马克 · 奥尔略皇帝纪念碑上的 8 块镶板拆除过来的。尽管如此，它仍不失为一座宏伟壮观的凯旋门，尤其是它上面所保存的罗马帝国各个重要时期的雕刻，是一部生动的古罗马雕刻史。

3 遗失的庞贝城

要说古罗马最著名的城市，除了首都，你们还会想到哪里？古罗马有这样一座城市，它刚开始默默无闻，后来发展得越来越大，人越来越多。有一天，那里的人们突然发现有很多色彩斑斓的宝石和奇怪的石头，这吸引了很多外地的人们过来游玩，正当这座城市要进一步发展时，它却“消失”了。

这座城市，叫作庞贝城。在公元前 8 世纪，庞贝城还是地中海的一个小渔村，后来庞贝城依靠地中海的天然良港，逐渐发展为城市。几十年之后，这里的生活变得很好，商人们来来往往，它成为仅次于意大利古罗马城的第二大城。

庞贝城在罗马城的南方，距离有 300 千米，庞贝城的西边接壤着著名的西西里岛，往南便可以到希腊与北非。庞贝城能够吸引那么多人来，不只因为交通的便利，还因为它有很多好玩的地方。

比如庞贝城里神奇的太阳神庙、巨大的斗兽场、恢宏的大剧院、灵验的巫师堂、新奇的蒸气浴室、众多的商铺、娱乐场馆，凭这些就吸引了地中海周围城邦不少富商和贵族。那里还有亿万年来维苏威火山多次喷发而带来的奇异岩浆土、火山石及地热温泉。

而这么繁荣的庞贝城怎么会“消失”呢？这与给它带来奇异岩浆土的维苏威火山有关。维苏威火山海拔 1 277 米，据地质学家们考证，它是一座典型的活火山，数千年来它一直在不断喷发，庞贝城就是建在远古时期维苏威火山一次爆发后变硬的熔岩基础上的。可是，当时著名的地理学家斯特拉波根据维苏威火山的地形地貌特征断定它是一座死火山，不会再爆发了，人们也完全相信他的这一论证。人们在火山的两侧种上了绿油油的庄稼，平原上到处遍布着柠檬林和橘子林，还有葡萄园等其他果园。然而他们万万没料到这座“死火山”正在酝酿着一场毁灭性的大灾难。

公元 62 年 2 月 8 日，一次强烈的地震袭击了这一地区，造成了许多建筑物的毁塌，我们如今在庞贝城看到的许多毁坏的建筑都是那次地震造成的。地震过后，庞贝人又重建城市，

而且更追求奢侈豪华。公元 79 年 8 月 24 日这一天，维苏威火山突然爆发，厚约 5.6 米的火山灰毫不留情地将庞贝城从地球上抹掉了。

五 每一个帝王代表一个时代

1 罗马帝国的建造者——恺撒大帝

古罗马帝国建立之前，有一个很厉害的人，他勇猛无比，不仅当过很多官，而且打败过很多敌人，他被人们认为是罗马帝国的奠基者，人们尊称他为恺撒大帝。

恺撒大帝从小就生活在一个贵族家里，他是一个很勤劳的人，曾担任过很多官职，包括财务官、祭司长、大法官、执政官、监察官、独裁官等。后来他成为共和国末期杰出的军事统帅和政治家。

恺撒大帝喜欢打仗，在他就任的公元前 60 年曾与庞培、克拉苏两人秘密协商，结成同盟，史称“三头同盟”。随后恺撒大帝当上了高卢总督，在 8 年的时间里征服了高卢全境，而且还袭击了日耳曼和不列颠。到了公元前 49 年，他率军占领罗马，和庞培产生矛盾，并且打败庞培。这时候的恺撒大帝掌握很大的权力，在所掌控的地方实行独裁统治。制定了《儒略历》。

公元前 44 年 3 月 15 日，恺撒遭到以布鲁图所领导的元老院成员暗杀身亡，享年 56 岁。恺撒死后，其养子屋大维击败安东尼，开创了罗马帝国并成为第一位帝国皇帝。

恺撒是罗马帝国的奠基者，所以被一些历史学家视为罗马帝国的无冕之皇，有“恺撒大帝”之称。甚至有历史学家将其视为罗马帝国的第一位皇帝，以其就任终身独裁官的日子为罗马帝国的诞生日。他对后世的影响很大，此后有罗马君主以其名字“恺撒”作为皇帝称号；德意志帝国及俄罗斯帝国君主也以“恺撒”作为皇帝称号。

2 屋大维

恺撒大帝的儿子你们知道是谁了吧，他的儿子和他一样厉害，身经百战，带给罗马繁荣。

他的名字是盖维斯·屋大维·奥古斯都，原名盖乌斯·屋大维·图里努斯。他自己也组成了三头同盟，屋大维是罗马帝国的第一位元首，也是元首政治的创始人，他统治罗马长达 40 年，是世界历史上最为重要的人物之一。

屋大维原本是恺撒的甥外孙，公元前 44 年被恺撒指定为第一继承人并收为养子。公元前 43 年，恺撒被刺后屋大维登上政治舞台，与安东尼、雷必达结成“后三头同盟”。

他在公元前 42 年与安东尼在腓力比之战中打败共和派首领布鲁图和喀西。公元前 36 年，他剥夺雷必达的军权，后在阿克提姆海战打败安东尼，消灭了古埃及的托勒密王朝，成为罗马内战胜利者。公元前 30 年，屋大维被确认为“终身保民官”，公元前 29 年获得“大元帅”称号；公元前 28 年还被元老院赐封为“奥古斯都”（意为神圣伟大），并改组罗马政府，给罗马带来了两个世纪的和平与繁荣。

屋大维曾先后获得执政官、保民官、大祭司长等职衔，但

实为罗马皇帝。为加强统治，他对军队进行改革，实行雇佣兵制度；建立禁卫军，驻守罗马和意大利。对外继续扩张，向西完成对西班牙的征服，向北推进至多瑙河、莱茵河一线。他善于审时度势，进退有节，处事机智果断，谨慎稳健。他所采取的一系列顺乎形势的内外政策，开创了相对安定的政治局面，为帝国初期的繁荣打下基础。他于公元 14 年 8 月 19 日去世。

3 提比略

第一位罗马帝国元首是屋大维，那你知道第二位罗马帝国的皇帝吗？他也是一个很厉害的人哦！

我们要说的这个人叫提比略，是罗马帝国的第二位皇帝，也是朱里亚·克劳狄王朝的第二位皇帝。

公元 14 年，奥古斯都驾崩，提比略继承由奥古斯都缔造的帝国，借由联姻关系，成为朱里亚·克劳狄王朝之继承人。

提比略个性深沉严苛，执政时期并不受到臣民的普遍爱戴。执政后期，由于党派与家族之间的斗争、阴谋，使得他采用残暴的手段对付政敌与亲族。在罗马古典作家的笔下，他的形象被定位为暴虐、好色。

但近代学者根据帝国当年的安定景象与文献铭刻等史料，为提比略翻案，认为提比略是一位有作为的皇帝。

由于与元老院和家族的关系紧张，公元 26 年，提比略退隐卡普里岛，自此再未返回罗马，但他从未放松对政局的控制。公元 37 年 3 月 16 日，提比略于卡普里岛去世。

六　古罗马的饮食习惯

古罗马的烹饪文化比较落后，后来受到了古希腊烹饪文化的影响，古罗马人才开始重视烹饪文化。当时，古罗马宫廷膳房的分工已经很细致，由面包、菜肴、果品和葡萄酒四个专业部门组成。厨师总管的身份地位很高，几乎与贵族大臣等同。一般的奴隶主，家中是请不起高级厨师的，只有在举行特别盛大的宴会时，才会重金礼聘高级厨师来掌厨。厨师的名气越大，主人便越觉得荣耀。

1 古罗马的主要食物

在考古遗址、遗物、古著、古画等帮助下，历史学家和考古学家们已经可以大致勾勒出古罗马人的饮食场景。在古罗马的巅峰时期，罗马帝国的铁蹄踏遍了西欧、中东、北非的辽阔疆土。因此，罗马帝国的人民来自很多不同的地方和民族，他们的饮食习惯也各不相同。不过，罗马人在征服他国的过程中，把自己的传统美食也传播到这些国家中，比如把核桃、洋葱、甘蓝传播到遥远的不列颠。

罗马人的饮食非常多样化，蔬菜包括洋葱、萝卜、大葱、

生菜、莴苣、芹菜、甘蓝、南瓜、芦笋、蘑菇及大豆等；水果包括葡萄、无花果、杏、石榴、樱桃、枣子、苹果、李子和梨子等；肉类包括羊肉、猪肉、牛肉、鹿肉、野猪肉、鸡肉、鹅肉、鸭肉等；鱼类包括金枪鱼、三文鱼和胭脂鱼等。

古罗马人的主食是一种类似于大麦粥、玉米粥或者小米粥的粥。有些时候，古罗马人也会往这种粥中加入药草、蜂蜜、鸡蛋或奶酪。如果有人家里养了山羊、奶牛、鹅或者鸡，他们

还可以往粥中加入肉或者动物内脏。

家境比较富裕的古罗马人的饮食要精细一些，他们一天吃三顿：早餐、午餐和晚餐。早餐包括牛奶（或加水稀释过的葡萄酒）、咸面包、薄煎饼、鸡蛋、奶酪、蜂蜜或者干果。午餐包括面包、蔬菜、鱼或者肉。晚餐是主餐，一般在下午或者傍晚时分进行，持续时间 1 ~ 4 个小时不等；食物包括葡萄酒、蔬菜、鱼或者肉。和现在的做法一样，主菜都经过精心烹制，有利于消化。

餐前开胃小食包括橄榄、小香肠、水煮蛋、沙拉；主菜主要是鱼和肉，一般用奶酪或者葡萄、无花果等水果来装饰。有些时候，古罗马人也会吃点餐后甜点，一般是蜂蜜小蛋糕。

只有很少家庭能拥有烤炉，食物一般是用木炭进行加热的铁锅来烹煮的。鱼和肉通常用橄榄油来煮熟或者煎炸。大多数时候，罗马人直接用手拿食物，一些比较富裕的人则可以用铜、木、银和骨头制成的刀具、汤匙来进餐。夏天的时候，人们一般在室外进餐。

古罗马人的宴会非常奢侈，目的是向客人炫耀主人的财富，通常持续好几个小时。奴隶们负责向宾客呈上各式异域珍馐，包括烤孔雀、火烈鸟舌、雉鸡脑等，食物全部盛在银盘或者铜盘里。宾客们休闲自在地倚靠在木质沙发上进餐。所有的食物碎屑都被随意地丢在地下，然后奴隶们会把它们清除掉。

宾客们也可以用类似于餐巾的袋子把吃剩的食物带回家。进餐过程中会供应大量葡萄酒、水和甜饮料（比如用蜂蜜和开水调配的饮料）。宴会上还可能请来杂技演员、歌手、舞蹈团等为宾客助兴。

宴会上的美食非常富有创造性，厨师会用上各种药草和香料，给菜肴增加更多的风味，比如肉桂和藏红花。古罗马人似乎什么都敢吃，比如填塞了猪肉末、睡鼠肉、药草、胡椒和松果的烤睡鼠。厨师所用的酱料也非常丰富，包括醋、蜂蜜、胡椒酱、药草酱和香料酱等；其中非常特别的是鱼酱，通过把鱼放在盐水中进行发酵而得到，味道相当浓郁。

知识拓展

古罗马人吃饭是不用刀叉的，也不像我们古人那样用筷子，而是用最原始的方法——直接用手抓。但他们丝毫不用担心油腻的食物弄脏了手有失体面，因为身旁随时有一批从埃及买来的奴隶，不停地用冰块和水帮他们擦手。

2 四海之内皆食材

经过几代人的不懈努力，神圣伟大的奥古斯都最终敲定了罗马帝国的疆域形态与霸权辐射范围。地中海成为内湖，国土地跨欧亚非三大洲，如此辽阔的领土让罗马帝国成为一个典型的具有多元属性的国家，也为不同地区在“罗马统治下的和平”之下提供了商品大交换的可能。地中海发达的航运交通将整个帝国的诸多行省紧密连接到了一起。这样一来，多种多样的食材也随之呈现在古罗马公民的市场和餐桌之上。可以说，古罗马人的食谱就像他们的帝国，丰富而多元。

广袤的地中海与诸多的湖泊河流为古罗马人提供了丰富的水产资源。靠山吃山，靠水吃水。古罗马人对鱼肉的钟爱远近闻名，他们对鱼肉的烹饪技法很大程度上来自同样无鱼不欢的古希腊人。不论贵贱，在古罗马人的餐桌上，鲣鱼、沙丁鱼、鳗鱼、凤尾鱼都是常见的食物。古罗马人对鱼肉的烹饪技法十分讲究，首先他们会尽快将片好的鱼肉进行腌制。用于腌制的酱汁由多种香料组成，包括橄榄、牛奶、粮食醋、葡萄酒、香料和菜汁等，然后对鱼肉进行烹饪，通常做法是拌以橄榄油和其他的香料，放在器皿上蒸、煮、煎、炸。

古代落后的交通运输条件和食物保鲜技术让鱼肉很容易腐败变质。只有靠近产鱼地的人们才能尝到鲜鱼，对于居住在内陆的古罗马人来说，把鱼腌好风干制成鱼干则是唯一的选择。因此古罗马人对腌货的需求往往居高不下。

在烹调鱼肉的过程中，古罗马人对一种原产于西班牙地区的特产——鱼酱油格外钟爱。这是一种当地渔民在收获鱼类之余所生产出来的副产品，因其便于携带储存，很快通过地中海贸易网络风行整个帝国，全帝国境内都有工厂生产这种风味的佐料，因其亲民的价格让普通的公民也能一饱口福。鱼酱油和今天的鱼露十分相似，是一种半透明的金色液体，有一股海洋的气息，其色泽、口感和价格也因品质不同而各不相同。像葡萄酒一样，鱼酱油的窖藏时间越长，其风味就越醇厚，价格也越昂贵。

除了鱼肉之外，猪肉、羊肉、鸡肉也能在古罗马人的餐盘中出现，不像热爱牛羊肉的日耳曼人和斯基泰游牧蛮族，从事农耕的古罗马人还是对猪肉最为钟爱。公元 2 世纪罗马历史学家普林尼在作品中不吝溢美之辞：“没有哪一种肉类的滋味能比猪肉更加丰富多彩，猪肉有 50 种味道，其他肉类只有一种。”除此之外，古罗马人对獐子、鹿肉、鹌鹑、野猪肉和兔肉也来者不拒，帝国境内广阔的森林资源让猎人们可以捕获足够的野味。为了保鲜，古罗马人将食用不完的肉食卤制成火腿和香肠，几乎和如今人们做的别无二致。

古罗马人有时也呈现出对“极致野味”的好奇和食欲，他们对鼠肉、蛇肉、蛙肉乃至鸵鸟肉、骆驼肉和孔雀肉都有很大的兴致。古罗马贵族为了一饱口腹之欲，会专门饲养睡鼠，他们甚至会在陶罐里放上睡鼠爱吃的食物，模拟冬眠环境，以便快速催肥它们。至于从万里之外的印度运来的孔雀，古罗马贵族们对它们的美丽大加赞赏，孔雀毛经常会用于装饰贵族家的客厅和卧室，而缺乏美丽羽毛的雌孔雀，如果不用于繁殖，则很可能被送上餐桌。如今我们可能对这种高调炫耀式的餐饮方式嗤之以鼻，但是在古罗马时代，能够食用这种高端食材是身

份和财富的象征，贵族们对此十分热衷，因为他们通常要在举办的宴席中为自己谋取政治利益。

古罗马人爱吃肉食，对动物身上的各个部位都想一试为快。除了普通部位的肉，食材的爪子、心脏、胃、肝甚至子宫和睾丸也不放过。鹅肝并不是法兰西贵族的独享，这种饮食风尚早在古罗马时代就风靡全国。人们也会将剁好的碎肉、脂肪和血块塞进猪子宫或者猪胃里，再熏制或者油炸，制成风味独特的荤菜。羊睾丸被古罗马人认为有壮阳的功效，生吃睾丸是富有男子气概的饮食行为。

除了肉类，古罗马人对各类果蔬也是十分喜爱，帝国境内多样的自然环境让人们可以品尝到丰富的蔬菜水果，芦笋、卷心菜、韭菜、洋葱、南瓜、胡萝卜可以经常吃到。古罗马皇帝戴克里先就是卷心菜的狂热爱好者，种植卷心菜成为老皇帝退位之后最感兴趣的事情，他也热衷于请宾客品尝他亲手种植的卷心菜，那些希望获得老皇帝提携的客人们，就不得不投其所好，对卷心菜好好研究一番了。此外，蚕豆、扁豆、鹰嘴豆是古罗马人烹制汤料时不可或缺的美味食材。味道鲜美的蘑菇也偶尔出现在古罗马人的食谱当中，由于辨别可食用菌类需要专门的知识，蘑菇就显得十分珍贵。加之蘑菇耐放几乎不会变质，因而它们的价值非常高。

水果自然也被爱吃的古罗马人端上餐桌，古罗马人最常吃的水果就是遍布地中海沿岸的葡萄和无花果了。葡萄不仅用作酿酒原料，也是古罗马人为之疯狂迷恋的水果。它们在人们的信仰中占据了一席之地，在古希腊时代就被奉为宙斯之子酒神狄俄尼索斯的化身，只要有嗜酒的人，就有对葡萄及其神祗的崇拜。无花果则因其耐旱、耐虫害的特性而有稳定产量，含有高度糖分的无花果能够为劳作一天的人们快速补充能量。此外，苹果、香梨、李子、西瓜、蓝莓、石榴也能在应季季节被古罗马人所品尝。冬天一到，人们则偏爱核桃、榛子、杏仁等干果补充蛋白质和热量。

知识拓展

公元前100年的古罗马是当时世界上最大的葡萄酒出口国，喝葡萄酒的风俗随着罗马版图的扩张蔓延到欧洲大陆的各个角落。不过古罗马的葡萄酒口味跟我们现在喝的可不一样，普通葡萄酒饮用前一般都需要兑水稀释来温和口感，而狂放的古罗马人则喜欢饮用最烈的纯葡萄酒。

3 古罗马人的一日三餐

一天吃三顿饭对于罗马共和国时代早期的人来说简直是奢侈至极，崇尚艰苦朴素作风的祖先们以一天只吃一顿热食为习惯。然而当古罗马人开始统治世界后，极为丰富的物质让一日三餐成了人们的日常饮食习惯，并一直延续了下来。

古罗马人对早餐是最不重视的，他们的早餐非常简单，有时甚至是前一天晚饭的剩菜。几片薄饼、面包，配上一碟橄榄油或者蜂蜜，再吃上几颗无花果，喝一杯牛奶或者葡萄酒，一顿简单的早餐就吃完了。他们还会把早餐的一部分放在家中的祭坛上供奉神明，祈神赐福。古罗马人在吃完早餐后便开始一天的工作。当然在开始工作之前，清新口气也是不可或缺的一步。有钱的人家会在银质的牙签上蘸点小苏打，均匀涂抹在牙齿上，这种保护牙齿健康的方式和如今的牙膏如出一辙。

在路边的餐馆或者酒吧里解决午餐通常是古罗马人的习惯，他们的午餐并不比早餐复杂多少，通常是以冷食为主。鹰

嘴豆泥、水煮蛋、腌制橄榄、山羊乳酪、腌鲷鱼、烤猪腿和粗粮粥基本上是午餐的选项，点什么菜看经济实力。一上午都在外工作的古罗马人不会专门赶回家吃午饭，因此一顿便捷的快餐式午饭就有了很大的需求，这也为城市中的小酒馆、饭馆提供了不错的生意机会。

古罗马人在饮食上最为引人注目的就是他们豪奢的晚餐了，晚餐不仅是一天当中最重要的一餐，而且还是古罗马上流

社会的社交平台。对于贵族们来说，晚餐是炫耀自家财富、展示物质实力和举行社交活动的最佳活动，一顿成功的晚餐可以为他们达成有利的政治交易。至于晚餐的菜品，那自然是马虎不得，甚至主人会向负责烹饪的奴隶亲自指示和询问。如何让同样尊贵的宾客们吃得好，是宴会主人当晚最关心的问题。

晚餐通常在下午的三四点钟就开始了。古罗马时代可不像现代社会有电力照明，能在太阳落山之前将宴会成功举办再好不过。在古罗马时代，秉烛夜读可是一般家庭所承受不起的奢侈行为，因为橄榄油和烛芯都价格不菲，寻常家庭都在太阳落山后就入睡了，因此举办夜场宴会是财大气粗的贵族们才能负担得起的狂欢。

普通人的晚餐通常在家进行，女主人在忙碌了一天后终于可以把精心准备的晚餐搬上餐桌。晚餐的构成与午餐不会有太大区别，因为普通人家的饭菜都较为朴素，但是通常比上两顿要丰盛。这不仅是女主人一天忙碌的成果之一，也是由古罗马人重视晚餐的文化所决定的。而对于贵族家庭而言，晚餐的丰富程度可令人叹为观止。

首先上菜的次序就非常讲究，开胃菜、冷盘、热食、甜点依次登场。他们的菜单甚至就像演奏会的节目单，可以任意挑选。除了寻常的烤猪腿、牛肋排、羊肚、熏鸡等菜式，塞着海胆的母猪乳房、蘸着甜酒的苍鹭舌头、撒上罗勒叶的牡蛎、浸在酱汁里的海鳗、塞着鱼子酱的龙虾等奇葩菜式应有尽有，这是经济实力显赫的贵族才能拿得出手的稀奇菜式，这些非主流菜式通常能让宾客惊叫连连，极大地满足了主人的虚荣感。

知识拓展

民以食为天。古罗马人的食谱与现代人的食谱有着许多重合之处。我们在品味现代菜肴时追忆往昔，或许我们的食谱对古罗马人来说也丝毫不会陌生，他们饮食的丰富性有时并不比餐饮多元化急剧膨胀的现代饮食逊色。我们在狂欢宴饮、大吃大嚼的古罗马人身上也能看到自身的影子。美食所带来的口腹满足感，永远是古往今来人们所孜孜以求的极致享受。

BADA BADA
吧嗒吧嗒

BADABADA 吧嗒吧嗒

穿越时空
轻松解锁
古文明

图解古阿兹特克

彭剑峰 著

航空工业出版社
北京

内容提要

古文明是现代文明的基石，它以璀璨的成果和梦幻般的神秘色彩，让无数人为之着迷。《穿越时空，轻松解锁古文明》面向青少年读者讲解古文明发展脉络及兴衰过程，分别是《图解古中国》《图解古埃及》《图解古希腊》《图解古罗马》《图解古波斯》《图解古阿兹特克》6册，讲述各大文明妙趣横生的传奇故事、名胜古迹、文化贡献和风俗习惯，是广大青少年读者学习古文明、汲取精神财富的好帮手。

图书在版编目（CIP）数据

穿越时空，轻松解锁古文明．图解古阿兹特克 / 彭剑峰著．-- 北京：航空工业出版社，2022. 5（2023.11 重印）

ISBN 978-7-5165-2966-9

Ⅰ．①穿… Ⅱ．①彭… Ⅲ．①世界史 - 古代史 - 青少年读物②墨西哥 - 古代史 - 青少年读物 Ⅳ．① K12-49 ② K731.09

中国版本图书馆 CIP 数据核字 (2022) 第 067104 号

穿越时空，轻松解锁古文明・图解古阿兹特克

Chuanyue Shikong，Qingsong Jiesuo Guwenming・Tujie Guaziteke

航空工业出版社出版发行

（北京市朝阳区京顺路 5 号曙光大厦 C 座四层　100028）

发行部电话：010-85672688　010-85672689

三河市金兆印刷装订有限公司印刷　　全国各地新华书店经售

2022 年 5 月第 1 版　　2023 年 11 月第 2 次印刷

开本：710×915　1/16　　字数：45 千字

印张：4　　定价：128.00 元（全 6 册）

简介

本书讲述阿兹特克文明的历史兴衰，在还没有阿兹特克文明之前，前文明是如何影响阿兹特克人的？阿兹特克在发展成世界强国后，为何突然间就被灭国了？本书将用通俗易懂的方式，带领青少年朋友们深入了解阿兹特克文明。

目录

一 阿兹特克文明的前身演化

二 残垣断壁中见证阿兹特克文明

三

从文物中了解阿兹特克

四

阿兹特克的文化信仰

五

阿兹特克食物

一　阿兹特克文明的前身演化

特奥蒂瓦坎文明起始于公元前 200 年左右，圣城特奥蒂瓦坎位于墨西哥城东北部 50 千米处，该城建于公元 1 世纪至公元 7 世纪，其建筑物按照几何图形和象征意义布局，以建筑物的庞大气势而闻名于世。作为中美洲最重要的文化中心之一，特奥蒂瓦坎的文化影响力和艺术影响力遍及整个地区，后来阿兹特克人发现了这里，并模仿这里的建筑与街道风格修建了自己的家园。

1 神秘的特奥蒂瓦坎古城

你知道吗，据神话传说，是神建造了特奥蒂瓦坎这座城市，所以人们称其为“诸神之城”。现在这座古城的地址位于墨西哥首都墨西哥城东北约 40 千米处，建立于公元前 150 年到公元 100 年之间，在它繁荣兴盛的公元 6—7 世纪，当时全城大约有 20 万人口，从建城规模看，它可以和当时中国唐朝的长安相媲美呢。

特奥蒂瓦坎古城城市的建筑结构非常严谨，为以后阿兹特克人修建特诺奇蒂特兰城所效仿。纵贯南北的中央大道全长 4 千米、宽 45 米，是古城的重要组成部分，被阿兹特克人称为死亡大道。至于中央大道为什么被称为死亡大道，考古学家们已无从考证。

大道的两侧均匀分布着月亮和太阳金字塔、庙宇、亭台楼阁以及小巷等。大概由于宗教的原因，大街南端十分空旷，没有任何建筑。

人们来到寂静广阔的古城废墟时，看到宏伟壮观的建筑遗迹，不禁肃然起敬。就算如此，我们看到的特奥蒂瓦坎古城也只是全貌的十分之一，其中的十分之九仍然埋在地下。这足以说明当时特奥蒂瓦坎古城的宏伟。

令人疑惑的是，在公元650年至公元750年左右，特奥蒂瓦坎文明突然中断，此后一副衰败的景象。这座当时世界上首屈一指的巨大城市突然被废弃，不知道是出于什么原因。“众神之城”的居民和它的文明好像一下消失了。

当阿兹特克文明在美洲中部高原兴起时，特奥蒂瓦坎古城已经成为废墟。阿兹特克人发现这座城市后，就开始模仿城市中的建筑，建造自己的家园。

知识拓展

地球有七大洲：分别是亚洲、欧洲、非洲、北美洲、南美洲、大洋洲、南极洲。

2 太阳金字塔象征着太阳神

我们都知道，太阳每天会从东边缓缓升起，我们非常喜爱太阳，因为它能给我们带来光明和温暖。而对于玛雅文明而言，太阳是他们的信仰，有个神叫作太阳神。为了举行宗教祭祀太阳神，他们修建了一座太阳金字塔。

根据专家推测，金字塔应是建于公元 100 年左右，它坐落在特奥蒂瓦坎古城的主干道黄泉大道上。金字塔是由红色的火山岩建造而成，这证明了中美洲的古代人类已经是熟练的工程师和建设者。

它建筑宏伟，是梯形的形状，正面有数百级台阶直达塔顶。太阳金字塔和埃及的胡夫金字塔大小基本相同，基本上是正方形，而且也正好朝着东南西北四个方向，塔的四面也都是呈“金”字的等边三角形，底边与塔高之比恰好也等于圆周与半径之比。

金字塔内部用泥土和沙石堆建，从下到上各台阶外表都镶嵌着巨大的石板，石板上雕刻着五彩缤纷的图案。缘阶而上到达塔顶是一座太阳神庙，不过很可惜已被毁坏。据18世纪西班牙历史学家考证，当初这座庙金碧辉煌，高大的太阳神像站立在神坛中央，面对东方，端庄严肃，胸前佩戴着无数金银、宝石饰物，当阳光射入庙堂时，神殿周身闪射着耀眼的光芒，使人肃然起敬。

知识拓展

黄泉大道之所以有这么一个奇怪的名字，是因为公元10世纪时最先来到这里的阿兹特克人，沿着这条大道进入这座古城时，发现全城空无一人，他们认为大道两旁的建筑都是众神的坟墓，于是就给它起了这个名字。

太阳金字塔的四边形层叠平台，每层向上收缩，作神殿和祭坛之用。祭司在塔顶祭祀太阳神、雨神和战神。另外，这里还举行牺牲仪式，祭司把活人绑在“牺牲石”上，剖胸取心奉献给太阳。

3 月亮金字塔象征着月亮神

玛雅人不仅崇拜太阳神，而且还崇拜月亮神。所以在修建太阳金字塔后，他们还修建了月亮金字塔。

黄泉大道的北端是月亮金字塔，月亮金字塔南面有蝴蝶宫。这座月亮金字塔和太阳金字塔的造型类似，都是采用阶梯状的梯形叠成、正前方有非常陡峭的走道，其中月亮金字塔长宽分别为 170 米和 150 米，月亮金字塔的塔顶在古代可能还有神庙状的建筑，因此金字塔实际的高度要比现今高一些，但因为年代久，神庙早已消失，目前只剩下一个略呈圆顶状的小丘。另外，月亮金字塔比太阳金字塔矮一些，但由于月亮金字塔所在地势较高，因此这两座金字塔的塔顶是接近水平的。

知识拓展

月球是围绕地球旋转的球形天体，同时也是地球唯一的天然卫星。在汉语中，月球被称为月或月亮，古时又称为太阴、玄兔、婵娟、玉盘。月球是太阳系中体积第五大的卫星。月球的表面布满了由小天体撞击形成的撞击坑。月球与地球的平均距离约 38.44 万千米，大约是地球直径的 30 倍。

后来的阿兹特克人同样信奉月亮和祭祀月亮神。

4 图腾羽蛇神

古代文明中都有自己的图腾，比如我们华夏文明的图腾是龙，我们称自己为龙的传人。玛雅人也有自己的图腾，你知道它是什么吗?

没错，它就是羽蛇神。

羽蛇神是玛雅人心目中带来雨季，以及与播种、收获、五谷丰登有关的神祇。事实上，它是一个舶来品，是在托尔特克

人统治玛雅城时带来的北方神祇。中美洲各民族普遍信奉这种羽蛇神。按照传说，羽蛇神主宰着晨星、发明了书籍、立法，而且给人类带来了玉米。羽蛇神还代表着死亡和重生，是祭司们的保护神。

羽蛇神在玛雅文化中的地位可以从许多方面观察到。古典时期，玛雅“真人”所持的权杖，一端为精致小人形，中间为小人的一条腿化作的蛇身，另一端为蛇头。到了后古典时期，羽蛇神出现了多种变形，基本形态也变了，成为上部为羽扇形，中间为蛇身，下部为蛇头的羽蛇神形象。

羽蛇神与雨季同来，而雨季又与玛雅人种玉米的时间相重合，因而羽蛇神成为玛雅农人最为崇敬的神祇。现今留存的最大的玛雅古城奇岑伊扎中，就有一座以羽蛇神库库尔坎命名的金字塔。

知识拓展

玉米是禾本科的一年生草本植物，又名苞谷、苞米棒子、玉蜀黍、珍珠米等。原产于中美洲和南美洲，它是世界重要的粮食作物，广泛分布于美国、中国、巴西和其他国家。

关于羽蛇神，有数百甚至数千个不同的神话。它被称为粮食供应商，可以控制降雨，所以一些人认为羽蛇神是植物之神。

阿兹特克人在特奥蒂瓦坎发现羽蛇神图案后，把羽蛇神信奉为他们的神，还认为羽蛇神可以让人变为头上有高大的王冠、身穿玉挂件衣服的战士，据称这是风和运动之神。美洲是唯一奉祀羽蛇神的地方。

5 库库尔坎神庙祈祷风调雨顺

库库尔坎神在玛雅人心中有“带羽毛的蛇神”意思，是玛雅人崇拜的神，他们认为库库尔坎神是太阳神的化身，同时也可以带来风调雨顺。

在玛雅人的传说中，库库尔坎神被认为是他们远古时代的教诲者，传说他教给人们天文、数学和工艺，并制定和颁布了法律。当玛雅人获得了知识并建立起国家之后，库库尔坎神登上蛇变成的飞船，回到了天外的故乡。

库库尔坎神庙建于10世纪，四方对称，底长55.3米，高为24米，四边棱角分明。整座塔呈阶梯形，共有9层，向上逐层收缩。库库尔坎神庙四周环绕91级台阶，加起来一共364级台阶，再加上塔顶的羽蛇神庙，共有365阶，象征了一年中的365天。

知识拓展

阿兹特克人在几何学上同样取得了很高的成就，在挖掘的文物中，到处都能见到很多丰富的几何图形。阿兹特克人的计算精确，这在他们的天文历法中，已经得到了充分的证明。他们对数学极为重视，在他们开设的学校，甚至是专门培养祭司的学校中，都开有数学课程。

他们在库库尔坎神庙朝北的台阶上，精心雕刻了一条带羽毛的蛇，蛇头张口吐信，形象逼真，蛇身却藏在阶梯的断面上。只有在每年春分和秋分的下午，太阳冉冉西坠，北墙的光照部分棱角渐次分明，那些笔直的线条也从上到下，交成了波浪形，仿佛一条飞动的巨蟒自天而降，逶迤游走，似飞似腾，这情景往往使玛雅人激动得如痴如狂。

6 祭师的住所蝴蝶宫

在特奥蒂瓦坎，祭师是一个很神圣的职业，他们是最靠近太阳神的人，所以会有很好的待遇。

特奥蒂瓦坎人给祭师修建最豪华的建筑——蝴蝶宫，在这个宫殿里有完好无损的壁画，它们保持着原来的鲜艳色彩。中央大厅的圆柱上刻着蝶翅鸟身的浮雕，两边圆柱上雕刻着一只美丽飞鸟，双翅齐展，仿佛迎面飞来，因此人们称这个宫殿为蝴蝶宫。蝴蝶宫的住房结构典型地反映出当时特奥蒂瓦坎城的建筑特点：每幢房子都是四方形，正对东南西北四个方向，房子中间都有一个四方形的天井。

在蝴蝶宫下面，人们挖掘出了另一座庙宇，是迄今发现的特奥蒂瓦坎城最古老的建筑，称为羽螺庙。其墙上画有许多用美丽羽毛装饰的海螺。在离羽螺庙不远的地方，是美洲虎宫，

它门口的墙上画着两只蹲在地上的美洲虎。美洲虎头饰羽毛，虎视眈眈，前爪握着一只海螺，在嘴边吹奏。

有人认为，特奥蒂瓦坎城的正统艺术，除了发挥装饰功用以外，还想表达宗教信仰。

很可惜，现代学者还无法译解那些象形文字的意义，所以对在蝴蝶宫发现的壁画，还是感到不可理解。能够肯定的是，这些壁画的设计和制作过程，肯定花费了惊人的精力，但对于它们的意义，我们知道的实在有限。

知识拓展

蝴蝶宫的旁边是美洲虎宫，这是一座巨大的建筑，考古学家认为这里是奥特蒂瓦坎的统治者或大祭师所居住的宫殿，美洲虎宫的名字来源于这里保存下来的壁画上的美洲虎。

二　残垣断壁中见证阿兹特克文明

阿兹特克文明是墨西哥古代阿兹特克人所创造的印第安文明，是美洲古代三大文明之一。主要分布在墨西哥中部和南部，形成于 14 世纪初，1521 年为西班牙人所毁灭。

阿兹特克人是古代墨西哥文化舞台上的最后一个角色，他们创造了辉煌的阿兹特克文明，开创了阿兹特克族最兴盛的时期。

1 特诺奇蒂特兰的奇迹

特诺奇蒂特兰是一座神奇又梦幻的城市，为什么这么说呢？因为它建立在湖中一座美丽的小岛上。

阿兹特克人为什么来这个小岛上修建这么一座城市呢？在遥远的 1325 年，阿兹特克人是从北方一个名叫阿兹特兰的地方来的。传说中他们受到了太阳神羽蛇神的指示来到特斯科科湖，当他们来到湖中央的岛屿时，他们看到了一只嘴里叼着蛇的老鹰站在仙人掌上。这寓意着他们应该在这座岛屿修建城市。

阿兹特克人在特斯科科湖南部的沼泽岛上建城，他们修建 3 条 10 米宽的土路与大陆相连，并且用石水槽供应用水，还修建了很多坛庙和金字塔。

到了 16 世纪 20 年代，这座帝都已达 13 平方千米，有 30 万多人，是当时世界上最大的城市之一。当时阿兹特克人的工业相对现代来说如此不发达，只经过人力就能修建这么大的城市，堪称奇迹。

而且城市街道、广场设置整齐。城市中心是以 35 米高的金字塔大神庙为主的建筑群，大神庙供奉着雨神特拉洛克和战神威齐洛波奇特利。中心广场四周有高墙围炉，周围则是宫殿府邸。全城有10余千米的防水长堤，并有两条石槽从陆地引淡水入城。蒙特苏马王帝的大宫廷，有3个大院落和数百间房。

在广场外围是金碧辉煌的宫苑和一排排整齐的房舍、楼台。大街上人声鼎沸，湖面上独木舟川流不息。

这座城市经历了很多年的辉煌时光，后来被带有天花病毒的西班牙人攻陷。

知识拓展

天花是一种烈性传染病，目前已被消灭。感染天花病毒后的潜伏期平均约为12天。感染后的初期症状包括：高烧、疲累、头疼、心跳加速及背痛。

2 大神庙是阿兹特克文物宝库

除了羽蛇神，阿兹特克人还崇拜，供奉雨神特拉洛克和战神威济洛波奇特利。雨神特拉洛克可以给他们带来降雨，灌溉农田。而战神威济洛波奇特利是他们在战场上的信仰，他们希望在和敌人战斗时战神附体，那样他们会战无不胜。

雨神和战神也应该有一处地方供奉，所以他们修建了大神庙。

随着西班牙入侵阿兹特克，原来的神庙已被破坏，现存的仅是塔基和石阶。大神庙遗迹是阿兹特克文化最有价值的文物宝库。考古专家在挖掘后的现场，可以清清楚楚地看到庙上有

庙，重叠着七层。

让我们一起走进大神庙，它的最底层是一座孤零零的小庙。第二层的建筑则比较完整。在庙宇台阶的最后一级，有一座人头像雕刻，上面刻了几道横竖笔画。据考古学家们考证，这是阿兹特克人的数字写法，记载了这座庙宇的建筑年代。

第三层的台阶又陡又窄。在战神一边靠台阶处整整齐齐地躺着 8 座掌旗官石雕。这些石雕的高度和真人一般。阿兹特克人修建第四层庙宇时，在石雕和台阶间的空隙处填满石泥，以防被上面的建筑物压碎。

第五层隐约可见。第六层的规模最大，正面墙上饰有 3 幅巨大的蛇头浮雕，大嘴中毒舌蜷缩，给人尚在伸缩之感。

大庙的最高一层是第七层，也就是西班牙入侵者攻陷特诺奇蒂特兰城后看到的大庙，几乎全被毁坏了。

知识拓展

古时阿兹特克人认为，大神庙是宇宙中心。

除了上面描述的这些景象以外，每层庙宇都有战、水两神的祭坛，不禁令人感慨当时建筑的神奇，以及阿兹特克人对雨神和战神近乎痴迷的信仰。

3 祭祀太阳神的主神庙

这座神庙坐落在阿兹特克人心中的世界中心，于 1521 年被西班牙殖民者摧毁，现在已经是一片废墟。在大神庙里面有一座博物馆，陈列着考古发现的遗迹，很好地展示了阿兹特克人的古老文明。

大神庙所在的位置应该就是阿兹特克人看到“一只鹰衔着一条蛇高踞在一株仙人掌上”的地方（墨西哥国旗中表述的图案）。如今发掘的大神庙遗址只是当年神庙的一小部分，神庙的真正占地面积包括主教堂本身，以及更广阔的面积。

西班牙殖民者使用阿兹特克人闻所未闻的炸药摧毁了这座神庙，并进行填平作业，建筑材料被用作主教座堂和宪法广场的建设。历史上的神庙是双金字塔形的建筑，在如今我们看到的平台之上还有多层建筑，神庙历经多次重建，阿兹特克人通过战争及“鲜花战争”手段抓来俘虏，用于每次神圣节日时的活人祭祀。

知识拓展

美洲古代城市多以神庙为中心展开布局，这些金字塔式的建筑承担着宗教、政治、军事等多重职能。

三 从文物中了解阿兹特克

阿兹特克人是古代墨西哥文化舞台上的最后一个角色，从他们的雕像、武器、宝物中可以了解他们创造了辉煌的阿兹特克文明，开创了阿兹特克族最兴盛的时期。

1 绿松石面具

在文明古国中，人们都有各自的信仰，他们会把这种信仰做成面具或者奇形怪状的物体，例如我国的三星堆就有很像外星人的面具。

当然阿兹特克人也不例外，在英国的博物馆中摆放着一件阿兹特克人曾经视为信仰的绿松石面具。

考古专家称这块面具可能存在于公元 1400 年至公元 1521 年之间，面具外面用很多绿色的石子一颗一颗地粘起来，我们称这种石子为绿松石。绿松石是一种古老的宝石，有着几千年的灿烂历史，深受古今中外人士的喜爱。阿兹特克人用绿松石制成的面具，有鼻子、眼睛和牙齿，看起来很生动，但是有那么一丝恐怖。

这个绿松石面具很可能代表的是阿兹特克人信仰的羽蛇神，因为面具是人们内心世界的象征。面具寄寓着他们对神灵的崇拜，直到他们的恐惧感、自卑感逐渐消失后，面具才变成一种精神寄托和娱乐工具。

知识拓展

阿兹特克人常用绿松石做饰品，包括祖母绿、翡翠、绿石英、绿碧石、绿色菱锌矿、异极矿等。

2 绿松石双头蛇

在英国的博物馆中有这么一件双头蛇展品，它高20.3厘米、宽43.3厘米、厚5.9厘米。这件象征神灵的双头蛇由一块西班牙杉木雕刻成型，外表覆满绿松石马赛克组成的图案。据专家说，这件绿松石双头蛇大约由2000块绿松石粘贴组成。可以想象，手工拼贴这么多细小的绿松石是多么费时费力的工作。双头蛇张开的口部各有两颗由海菊蛤（一种带刺的牡蛎）制成的獠牙。牙龈和鼻孔用鲜红的贝壳片装饰，显得格外醒目。

这件使用了各种顶级珍贵的材料且采用了极其繁杂的工艺制作而成的双头蛇雕像，它的主人是谁呢？它又是用来做什么的？

我们都知道绿松石是阿兹特克人崇拜的宝石，常用于祭祀仪式。这件双头蛇作品设计得既辉煌又

有威慑力，具有震撼和令人敬畏的效果，是阿兹特克文化的代表性杰作。它通常在祭祀场合佩戴于胸前或高抬着。

所以它的主人很可能是阿兹特克帝国鼎盛时期的统治者蒙特祖玛二世。

知识拓展

蒙特祖玛二世，古代墨西哥阿兹特克的特诺奇蒂特兰君主。他曾一度称霸中美洲，最后被西班牙征服者埃尔南·科尔特斯所打败，阿兹特克文明就此灭亡。

考古学家推测这个绿松石双头蛇应该是他在大型的仪式中佩戴或者携带的，并且很有可能是在登基大典时使用的。我们的推测不仅仅是从绿松石的珍贵程度考虑，还因为这个雕像是以蛇的形象制作的。

蛇的形象是阿兹特克人所信奉的，与最重要的守护神密切相关。蛇有毒，因此有着致命的威胁；蛇在蜕皮后又如获新生，因此蛇在阿兹特克人的信仰中被认为是力量和重生。

所以考古学家们认为，绿松石双头蛇是蒙特祖玛二世的重要宝物。它可能见证过蒙特祖玛二世的一些重要时刻。

3 查尔丘特里魁石像

水源是人类生存的根本，如果没有水，那么将不会有生命。阿兹特克人认为水是被神掌控的，在古希腊神话中水是由海神波塞冬掌控，而阿兹特克人认为水是由查尔丘特里魁掌控的。

查尔丘特里魁是河、湖女神，同时也是生育的守护神。她统辖传说中的第四太阳。她是雨神特拉洛克的妻子，有时视为特拉洛克的一个面相。

考古学家从一些出土的石像中发现，她具有年轻女性的形象，穿一种传统的披肩及长裙。

在阿兹特克神话中，查尔丘特里魁的出现基本上都是和雨神特拉洛克在一起。在第三太阳时代，雨神是阿兹特克神话中的主宰，在他那特拉洛克圣殿里，查尔丘特里魁总是微笑地守在丈夫旁边，使用着丈夫给予的权力。她原先是单纯的生育守护神，守护那些在分娩中遇到困难的女人。每当阿兹特克妇女即将临盆的时候，假如是头胎，人们就会为查尔丘特里魁献上一头山羊作为祭品。假如是再次生育的话，除了献上山羊之外，还需要小孩子为母亲及即将出生的弟弟妹妹祈祷。嫁给了雨神之后，查尔丘特里魁逐渐有了关于水的神性。特拉洛克主宰的是来自天上的雨水，而查尔丘特里魁则代表雨水从天上落下之后，在大地上汇聚而成的江河湖海。

在神话中，是她毁灭了第四太阳纪，作为对特

拉洛克的报复，她降下了持续五十二年的大雨，将地面的一切冲毁，但同时她还建立了一座连接着天与地的桥梁，这样那些受她恩惠的人就可以逃离；而那些没有离开地面的人则化成了鱼，这样他们就不会被淹死。

知识拓展

特拉洛克是阿兹特克神话中的雨神、水神、风暴之神，主宰降雨、雨季，以将天上的雨水落下滋润大地为职责，但同时也会带来干旱、洪水、冰雹与风暴等灾难，在农业及祭祀中有着举足轻重的地位。在传说中，他统治了第三太阳纪。

4 柯约莎克浮雕

你知道吗？阿兹特克人不仅在修建城市方面有着非凡的技艺，在雕刻方面也令人惊叹，其中最具有代表性的就是柯约莎克浮雕。

柯约莎克是阿兹特克人信仰的月亮女神，在他们的传说中，

月亮女神曾经两次被砍去头颅，是一个叛逆者和失败者的形象。但在阿兹特克人的雕像中，月亮女神却以一种安详而超脱的神情来面对死亡。这件柯约莎克浮雕就是典型表现月亮女神的作品之一。

传说中柯约莎克是大地之母科亚特利库埃的大女儿，母亲的再次怀孕让柯约莎克感到非常恼怒，她带领着 400 个兄弟姐妹围攻母亲，并且将母亲的头砍了下来。

不幸的是，母亲怀上的是太阳神兼战神威济洛波奇特利，威济洛波奇特利立刻全副武装从母亲的子宫里跳出来与柯约莎克斗争，一场腥风血雨之后，柯约莎克被砍下双手双脚和头颅，头颅被抛到天空中，变成了月亮。

后来阿兹特克人把柯约莎克雕刻成了浮雕。

浮雕呈椭圆形，重约十吨。女神头上插有羽毛，戴着耳环，面部饰有金铃。她的头被砍下，四肢也被切断，显示出叛逆者的悲惨下场；同时这个雕像又是置身于繁缛而华丽的装饰之中：四肢戴有蛇形镯子，腰系骷髅配饰，背后的空间中充满了象征死亡的装饰物。

作品面部和躯干的刻画写实而精细，使石头似乎变成了带有体温的皮肤，死去的女神似乎依然具有生命力。女神死去而有灵气，是战士也是女人，她有着光洁的身体，也有繁杂的装饰，表现了阿兹特克艺术的一些特点。

知识拓展

阿兹特克的男子上身都披着披肩，而下身则围着一条宽带；女人则爱穿裙子和白色的长背心，都缀有精美的绣花。贵族和祭司们都穿有羽毛的斗篷。阿兹特克人对鞋很讲究，鞋有各种各样的质地和式样。贵族们都穿用金线缝制的鞋，而一般人则穿兽皮质地的皮鞋，或者是拿龙舌兰纤维编织而成的草鞋。有的鞋制作得极为精致，拿兽皮制成鞋面，而鞋底则是用龙舌兰纤维制成的。

5 阿兹特克日历石

我们都知道，一年有 365 天，每天有 24 个小时，对于时间我们有日历和钟表记录，那你知道阿兹特克人是如何记录时间的吗？

和你猜测的一样，阿兹特克人为了记录时间，他们用超高的雕刻技艺雕刻了一件记录时间的工艺品，那就是日历石。

现在这件精美的日历石存于墨西哥国立人类博物馆，它的直径巨大，有 3.6 米，是古代墨西哥最著名的雕刻。从日历石上可知阿兹特克人的宇宙观。他们以风、雨、水、花、草、芦苇、

鳄鱼、蜥蜴、蛇、鹿、兔、狗、猴、虎、鹰、秃鹫、房屋、颅骨、死神、燧石等 20 种物体来代表一个月的 20 天。在日历石的中央刻着太阳神的面孔，在周围的四个方框中有过去四个太阳的象形文字。四个太阳也代表四个小时，因为他们认为宇宙是被创造五次的，每次都有不同的太阳；四个方框与抓住两个心脏的锐爪轮廓代表第五个太阳。

知识拓展

一年是一个历法单位，有春、夏、秋、冬四个季节，每季为 3 个月，春季是年的开始和年的结束。一年就是 12 个月，不包括闰月，阳历 365 或 366 天，农历 354 或 355 天。

其实，这件雕刻不只是日历，也体现了阿兹特克人用石块记录下的对宇宙的认识，描绘了他们想像中的第五个太阳时期的景象。即以整个种族的延续与兴旺为第一目标，为了守住宇宙的秩序及延续种族，人类必须提供自己的鲜血，使世界免于毁灭。

6 马夸威特武器

在我们古代，士兵的兵器种类繁多，有刀、剑、长枪等。那么阿兹特克的士兵又拿着什么样的武器进行战斗呢？

阿兹特克人非常崇拜美洲虎，因而他们把最精锐的武士叫作“美洲虎武士”。勇士当然要配宝刀，但遗憾的是，当时的阿兹特克人还不懂得冶铁，所以他们就为自己的勇士们打造了另外一种可怕的武器——马夸威特。

马夸威特的主体是一根长不到 1 米、宽约 10 厘米的木棒，形状像是一把木质船桨。在“船桨”的两侧边缘有许多木槽，阿兹特克人用龟粪作为胶水将黑曜石片镶嵌在木槽里，凡被黑曜石片碰到的地方，无不裂开巨大的口子。由于它的坚硬锋利，所以曾被很多民族当做箭头或矛头来使用。

西班牙人曾经用黑曜石刀做过实验，轻轻一击便可砍下马头。黑曜石还锋利得足以用来剃须。实战证明，配备黑曜石砍

刀的美洲虎武士在白刃战中是很难对付的。在那个没有金属制品的地区，这是一种致命的武器。

马夸威特很重，使用起来非常消耗体力。据说美洲虎武士们在阵前挥舞着它战斗几十分钟后，就得到阵后歇上一阵子。

知识拓展

黑曜石是一种常见的黑色宝石，又称“龙晶”“十胜石”，通常呈黑色。黑曜石可加工成工艺品。如今大部分的黑曜石珠宝产自中美和北美地区。墨西哥的国石就是黑曜石。

不过阿兹特克人有一个传统，美洲虎战士在战斗时并不会直接把敌人打死，而是用马夸威特将敌人打晕，然后把这些人用作祭品祭祀太阳。

虽然美洲虎战士勇猛，但是石器还是敌不过铁器，随着佩大马士革刀剑的欧洲人的入侵和阿兹特克帝国的崩溃，黑曜石砍刀也渐渐湮没在历史的尘埃中。

7 雄鹰战士雕像

此前我们说过，阿兹特克人迁徙的时候，在一个湖的岛上看到叼着蛇的老鹰站在仙人掌上，从此，雄鹰成为阿兹特克的象征。

阿兹特克雄鹰战士在古老的阿兹特克民族中是勇敢的无畏战士。他们头顶一鹰装饰物，手持长矛，模样威武。

鹰战士是阿兹特克帝国军队中的精英步兵。那些属于这个武士社会的人要么是贵族，要么是在战场上出类拔萃的平民。

据说鹰和美洲虎战士是阿兹特克军队中最大的精英战士团体，在阿兹特克神话中，鹰同样被视为太阳的象征，因此鹰战士是太阳的战士。这个武士社会的成员穿得像鹰，还用鹰的羽毛装饰自己，戴着鹰头的头盔。这个头盔有一个张开的喙，战士可以从中向外看。

每个阿兹特克男性都必须接受基本的军事训练。每一个学生的进步都不断受到当地寺庙的考验，只有那些表现出非凡才能的学生才能入围，接受进一步的训练，变成鹰战士。大多数被选为武士社会成员的男孩来自贵族，但也有表现出非凡才能的平民被选入马利纳科鹰战士神庙的内室。当然，仅仅训练是不够的，为了加入鹰战士的行列，战士们必须在战场上证明自己的价值。阿兹特克人必须先俘虏四个敌人，然后才能成为鹰战士。

为了保护鹰战士，他们穿一种棉质的绗缝盔甲，带着一个颜色鲜艳的圆形盾牌，除了他们的雄鹰头饰外，还装饰有羽毛和皮带。此外，鹰战士还将获得一方土地，这块地是免税的，无论从中获利多少，都归鹰战士所有。这样的补助是终身的，可以传给鹰战士的继承人。鹰战士虽然被认为是全职战士，但也被允许参与政治活动。

虽然鹰战士属于阿兹特克军队的高级战士社会，但他们并不完全处于等级制度的顶端。当然，对于那些渴望加入军队的人来说，成为鹰战士也是他们努力的方向。

知识拓展

美洲虎战士是军队里的精英，在阿兹特克灿烂的历史上，他们是强大的军事实力的象征。

四 阿兹特克的文化信仰

在阿兹特克神话中，一切开始于世界诞生前的虚无，只有一位神祇在一切之前就诞生了。这位神祇叫奥梅堤奥托，名字在纳瓦特尔语中是“双神”或“双王”的意思。他既是男性又是女性，既是天又是地，既是光明又是黑暗，既是火又是水，既是秩序又是混乱。他的四个孩子分别是西佩·托堤克、特斯卡特利波卡、魁札尔科亚特尔和威济洛波奇特利。

1 守护神威济洛波奇特利

对于阿兹特克人来说，威济洛波奇特利意思是“来自南方的蜂鸟”，这确实是一位相当重要的神祇。

但这样一位神祇，在阿兹特克人的万神殿中却显得相当“年轻”：这是一个纯粹阿兹特克“原创”的神，在更早期的文明里并没有他的对应体。

那么，这位新生的神祇是从什么时候开始受到推崇的呢？

蒙特祖玛一世当政期间，他与同父异母的兄弟特拉卡埃莱尔共同治理国家，后者重新书写了阿兹特克的历史。他下令焚烧过去阿兹特克人迁徙的书籍、扩大人祭规模、提出荣冠战争，在他的倡导下，威济洛波奇特利的地位有了很大提升。

传说阿兹特克人受到太阳神威济洛波奇特利的召唤，要求他们离开贫瘠的故乡，去开始一段美好的新生活。于是虔诚的阿兹特克人便开始了长达几个世纪的迁移。在威济洛波奇特利的指示下，四位祭司抬着他的神像，领着墨西加人划小船离开阿兹特兰向外迁徙。而在旅途中，威济洛波奇特利始终化作蜂鸟指引他们。凡有危机出现，他便以快速的啁啾细语指示、斥责祭司，祭司按神的旨意领导墨西加人前行。

阿兹特克人认为威济洛波奇特利发明了人造湖田，解决了阿兹特克人种植作物的问题。也有说法是他和羽蛇神一起创造了火，一起创造了世界上第一个男人和女人，太阳和大地。

知识拓展

蒙特祖玛一世是阿兹特克特诺奇蒂特兰的第五位统治者、阿兹特克帝国的第二位国王。在他执政期间，阿兹特克帝国完全统一，而且使得特诺奇蒂特兰逐渐成为阿兹特克三国同盟中的主导者。

2 混沌之神特斯卡特利波卡

在阿兹特克的世界里，特斯卡特利波卡是第一位太阳神。

传说中，他是至上的神灵力、人类命运的操弄者。他代表着飓风、夜风、夜空、土地、北方、秘术、美丽、领导力、战争、争吵、所有人际冲突及黑曜石和占卜。他的右脚通常会被一块阿兹特克人用来做镜子的反光黑曜石取代，这些镜子也会在萨满教仪式和占卜中出现。特斯卡特利波卡的字面意思是“冒烟的镜子”。

在第一个太阳纪时，特斯卡特利波卡创造的子民都是些巨人。在一些神话版本中，他无法成为完整的太阳，因为他是夜神，或者因为他失去了一条腿——这个版本的神话相当有趣，因为在一些故事中，他是在与海怪特拉尔泰库特利战斗时才失去的脚，这或许能反映两个神话诞生的先后。在另一个神话中，他和一贯敌对的羽蛇神联手制服了海怪。

但特斯卡特利波卡成为太阳这件事让羽蛇神十分不满，他最终用石榔头把自己的哥哥砸落进了海中。没有了太阳，世界一片漆黑，而愤怒的特斯卡特利波卡变成了美洲虎，将自己的子民全部吞噬。第一太阳纪就此灭亡，这一太阳纪被称为美洲虎纪元。

而在第一太阳纪被毁灭后，羽蛇神魁札尔科亚特尔成了第二位太阳。但随着他的统治时间越来越久，这个世界的居民开始忘记对神的敬仰。最终特斯卡特利波卡用一场飓风毁灭了这个世界，只有很少的一部分居民幸存下来，但他们都被特斯卡特利波卡变成了猴子。这个太阳纪也被称为强风纪元。

3 文明之神魁札尔科亚特尔

我们经常提到的羽蛇神就是魁札尔科亚特尔，他是阿兹特克神话中最重要的神祇之一。

魁札尔科亚特尔是祭司知识之神，是邪恶的昏星与善良的晨星。虽然有说法将他视为特斯卡特利波卡的一个面相，但这两位神祇经常是互相冲突的。16 世纪，美洲特诺奇蒂特兰人的

国王蒙特祖玛二世曾误以为西班牙殖民者埃尔南·科尔特斯是羽蛇神，所以待其如上宾，结果他却被科尔特斯俘虏。

传说宇宙被创造出来以后，人类供奉神明，建造庙宇，举行活祭。但是魁扎尔科亚特尔不喜欢活祭，他厌恶人类以祭拜自己为由而流血，因此决定降临托扬城，即今日的图拉古城。

在阿兹特克人即将举行活祭的时候，他立刻下凡阻止并且禁止人类再举办类似祭祀。除此之外，他教会人们各种手艺和技术，比如种植玉米、写字和发明日历……这些都是昔日只有神才可以掌握的技能。图拉城因此开始欣欣向荣，但是魁扎尔科亚特尔的兄弟——特斯卡特利波卡却看不惯这个行为，便想把魁扎尔科亚特尔驱逐出神界，让他沉湎于世俗享乐，让他犯下道德错误，方便自己毁灭这座城市。于是，特斯卡特利波卡灌醉魁扎尔科亚特尔，令其犯下色戒。第二天一早，魁扎尔科亚特尔醒来后，对自己的错误倍感羞辱，于是离开了阿兹特克。

知识拓展

图拉位于墨西哥城以北 65 千米，是古代墨西哥最重要的城市之一，被认为是墨西哥历史上托尔特克文明的首都。1168 年，托尔特克人遭到了来自北部的其他印第安部落的入侵，图拉也在战争中被毁。后来崛起的阿兹特克人将托尔特克人尊为自己的祖先。

五 阿兹特克食物

这一节我们将带大家到中美洲，看看那里的阿兹特克先民们到底吃些什么。

1 阿兹特克的食材

15 世纪，阿兹特克人控制了大半个中美洲。他们接纳了当地人饮用巧克力的习俗。不同于喜欢纯热巧克力的玛雅人，阿兹特克人偏爱冷巧克力，并在其中加入辣椒、蜂蜜、多香果等调料。在玛雅人和阿兹特克人的信仰中，巧克力往往和人类的鲜血联系在一起，有时甚至会被做成血红色的饮料。据说，阿兹特克人的羽蛇神魁扎尔科亚特尔就因为和人类分享巧克力而遭到诸神排挤。他们认为巧克力是属于战士和贵族的饮料，必须怀着庄重之情喝下。

阿兹特克人居住的高原不适合种植可可，他们从各地收取可可豆。可可豆被视作货币和奢侈品，一只火鸡值 100 粒可可豆，1 个新鲜牛油果值 3 粒可可豆。在没有货币的中美洲，发酵干燥后的可可豆扮演着类似货币的角色，直到西班牙人到来的 16 世纪。

野生番茄原产于美洲西部高地，最初仅有豌豆大小，较大且表皮光滑的番茄起源于中美洲，可能是现在番茄的祖先。最初，欧洲人以为番茄有毒，仅把它当作一种观赏植物，一直到

17 世纪初，西班牙人开始食用番茄。而在原产地美洲，早在公元前 500 年，人们便已经开始种植番茄，并食用与烹饪。

烟草起源于中美洲或加勒比，大约 3400~3000 年前，墨西哥原住民开始种植烟草。玛雅人大概是中美洲最热衷烟草的族群，他们相信神灵也抽烟，把烟草作为献给神灵的祭品。玛雅人在宗教仪式中使用烟草和各种致幻剂达到迷幻状态以接近神灵，他们大概是第一个在艺术作品中描绘抽烟的文明，我们可以在玛雅人的艺术作品中找到卷烟、烟斗等各种熟悉的抽烟用具。

除了上面这些，以下这些常见食材，也来自中美洲。

火鸡：墨西哥原住民很久以前就驯化了火鸡这种大鸟，并开发出多种包含火鸡的菜式。英美人最初接触火鸡可能是经由土耳其商人之手，因此英语中的火鸡与土耳其同名。

仙人掌：墨西哥是举世闻名的仙人掌之国，也是仙人掌种类最丰富的国家，许多墨西哥菜中都有仙人掌。仙人掌还可以用来入药、喂养动物。

向日葵：向日葵原产于中美洲和北美，在墨西哥和美国南部完成驯化。葵花籽富含脂肪，可以用来榨油，也可以制作瓜子。

香草：香草是仅次于藏红花的昂贵香料，全世界的 3 种香草均起源于中美洲。墨西哥东海岸的托托纳克人可能是最早种植香草的族群。

牛油果：牛油果富含脂肪，可能起源于墨西哥中南部的特瓦坎河谷。大约 10000~9000 年前，人们就开始食用牛油果，墨西哥、危地马拉和西印度群岛是牛油果的三大产出中心。

番木瓜：番木瓜原产于墨西哥南部到南美洲北部地区，产量较高，富含维生素和矿物质。

番石榴：番石榴原产于中美洲、加勒比和南美北部，既可以生食，也可以制作沙拉、调味品、糖果和酒类。

龙舌兰：龙舌兰原产于墨西哥的干旱地区。阿兹特克人用龙舌兰酿造口味独特的酒精饮料，还制造纸张、编织绳索，用途涵盖了饮食、制衣、造纸多个方面。

回顾完产自中美洲的食材，我们来看看阿兹特克人到底吃些什么。研究显示，随地区不同，古典期（250—900 年）玛雅人约 50%~80% 的营养都来自玉米。南瓜、豆类、辣椒是仅次于玉米的作物，提供了平衡的营养和必要的风味。玛雅人还种植木薯、红薯、牛油果、番石榴，从森林和园地中收获可可、面包果、木瓜、菠萝、人心果等蔬果。除此之外，森林中的鹿、貘、野猪、猴子、豚鼠、鬣蜥，水里的龟、龙虾、海螺、贝类和各种鱼类提供了稀有且必要的蛋白质。

知识拓展

玉米，是中美洲人的主要主食。玛雅人认为，人类是创世神用玉米塑造而成的，因此自称“玉米人”。阿兹特克人则将玉米视为“自己的骨肉”，对其充满崇敬。在中美洲人的生活中，玉米扮演着至关重要的角色。

高地阿兹特克人的主食和玛雅人相似，但没有那么丰富的热带水果，取而代之的则是仙人掌、螺旋藻、番茄、火鸡、鸭、青蛙、侏儒螯虾和各种当地野味。在墨西哥某些地区，人们至今还热衷于食用昆虫。昆虫蛋白质丰富，如果不介意外形的话，确实是一种优良的营养食品。可可来自域外，是一种珍奇的奢侈品。

2 阿兹特克王与民的盛宴

我们对古代玛雅人的饮食习惯所知甚少，不过得益于西班牙征服者的记载，可以了解阿兹特克人的饮食习惯。

中美洲各文明普遍使用陶器和石器作为烹饪工具，炖煮和烧烤是常见的烹饪方式。阿兹特克人似乎没有榨油的习惯，考古学家也没发现有什么适用于油炸的工具，唯一类似煎炸食品的是某种糖浆料理。大多数资料认为阿兹特克人一天吃两顿饭，另有说法认为劳动者会在黎明、上午九点和下午三点吃三顿饭。在家庭中，主要由女性负责制作食物。

劳动者的主食是玉米饼和玉米糊，制作这两种食品都需要玉米面团。研磨玉米要用到石磨，石磨可以磨制出相当细腻的玉米粉。有经验的主妇可以在 1 小时内准备好一天的用量，不过大部分主妇需要 4~8 小时。为了防止变质，她们每天都需要耗费大量时间磨制新的玉米粉。

玉米粉加水和成面团，将其压制或拎制成直径 6~30 厘米的薄饼，将饼烙熟，就成了中美洲常见的玉米饼。玉米饼是大多数中美洲料理的基础，可以加上辣椒酱调味食用，也可以包上各种蔬菜和肉类。阿兹特克时代，每人一顿饭大概要吃上

2~3 个玉米饼。

玉米糊由玉米面团加水和香料煮制而成，通常比较稀薄，也可以加上豆类、蜂蜜、巧克力等，作为零食饮用。大多数阿兹特克人每天都会喝玉米糊作为能量补充，只要喝得够多，也能摄取相当于几片玉米饼的热量。

阿兹特克人的香料种类繁多，其中最重要的是辣椒。一些辣椒经烘焙后散发出独特的风味，更多的时候辣椒则会被磨碎

或风干，以便储存。其他香料包括味道接近香菜但更浓烈的刺芹，带着地中海风味的墨西哥牛至和墨西哥茴香，柔和细腻、有肉桂气息的白肉桂，混杂丁香、肉桂、肉豆蔻香气的多香果，价格昂贵的香草及蒜香藤，各种葱属植物，豆科灌木，胭脂树，土荆芥，墨西哥胡椒，牛油果叶等本地植物。

酒精饮料由发酵的龙舌兰、玉米、菠萝、仙人掌等制成，最著名的是龙舌兰酒。龙舌兰酒的制作过程非常复杂，有牛奶般的颜色和浓稠的质感，是中美洲最神圣的饮料之一。玛雅人一般在宗教仪式和祭祀活动中饮用龙舌兰酒，阿兹特克贵族和祭司们则用龙舌兰酒庆祝胜利。在平民中，仅允许老人和孕妇喝龙舌兰酒。

阿兹特克法律严禁酗酒，对贵族阶层的处罚尤为严厉，一些贵族甚至因沉迷酒精而被处决。尽管如此，阿兹特克社会中的各阶层似乎都热衷于酒精，法律对有儿孙的老人网开一面，他们享有喝酒自由的权利。

阿兹特克社会强调节制、朴素的生活。几乎所有阿兹特克人都要接受某种形式的斋戒，即使是蒙特祖玛这样的统治者，也要在重大仪式期间斋戒。常见的斋戒形式是禁食盐和辣椒，更极端的形式包括每天只吃 50 克玉米饼甚至完全禁食。

重大仪式期间往往要进行斋戒，比如在第 14 个月，为了纪念狩猎神米斯科瓦特尔，需要进行 5 天的斋戒。为了祭祀烟雾镜神特斯卡特利波卡、战神威济洛波奇特利、农业女神等，祭司需要进行长短不一的斋戒。每 52 年一次的新火仪式来临前，贵族要进行 8 天的斋戒，祭司的斋戒期为 80 天，极端者甚至要进行为期一年的斋戒。

阿兹特克人的宴会盛大而富有仪式感，婚丧嫁娶、孩子取名、逢年过节等重大日子都得举行宴会。殖民者们记载了许多阿兹特克宴会的细节。

富人们常常在开放式的庭院接待客人。用餐前，仆人们会献上烟卷，可能还会有鲜花。宾客可以用鲜花擦拭身体。每位客人都会往地上丢一些食物，作为对大地之主的供奉。宴会食物通常包括狗肉、禽肉、墨西哥粽、豆类、可可、烤辣椒等。男女分开进行宴会，巧克力一般只供男性饮用，女士们则会享用某种龙舌兰酒和玉米粥。

阿兹特克人崇尚勇武，许多餐桌礼仪都模仿自战士们的动作，比如烟卷和鲜花要从仆人的左手递到客人的右手，放置烟斗的盘子则要从仆人的右手递到客人的左手，这是在模仿战士接受投枪器和盾牌的过程。客人们用左手拿玉米饼，右手拿蘸酱碗。饭后，则会送上一杯巧克力及搅拌棒。

宴会中，高级军官在席间起舞。到了午夜，庆祝活动开始，一些人服用致幻蘑菇和巧克力，以便向客人讲述奇幻经历。黎明时分，人们开始唱歌，在院中焚烧或埋藏祭品，祈求主人和孩子们好运。剩余的鲜花、烟卷和食物会被送给受邀的老人、穷人或者仆人。宴会行将结束之际，长辈将严厉地训斥主人，提醒他们戒骄戒躁。

阿兹特克宴会的具体流程和食物随节日和目的不尽相同。比如在阿兹特克历中的最后一月的月中，人们举办宴会，向孩子介绍宗教仪式的歌舞、饮酒礼仪、放血仪式和身体改造，分享辣的令人浑身冒汗的辣椒酱、墨西哥粽。婚宴食品由玉米饼、巧克力、酱料、龙舌兰酒、墨西哥粽和火鸡肉组成，富人的丧宴食品则有龙舌兰酒、巧克力、禽肉、水果和种子。

在阿兹特克人260天的祭祀历法中，每20天就有一个节日，节日献给神灵或用作仪式。从首都特诺奇蒂特兰到乡间，食物和宴会都是节日不可缺少的一部分。在纪念剥皮神的节日上，祭司会献上苋菜籽做成的狼头、玉米做成的耳朵、玉米饼、覆有苋菜籽的卷饼、烤玉米、红苋菜、带嫩玉米穗的玉米秆等。每年，阿兹特克男人都要进行为期10天的大狩猎，一些猎物交给祭司处理，献给狩猎之神米斯科瓦特尔，一些猎物则会在宴会上被吃掉。

知识拓展

南瓜包括多个品种，起源于美洲，墨西哥人是最早驯化南瓜的人。南瓜富含维生素A和胡萝卜素。除了供食用外，在墨西哥部分地区，人们会用南瓜降低血糖，用苦南瓜肉摩擦乳房，帮助孩子断奶。

3 受到阿兹特克的影响，如今的墨西哥美食

墨西哥米却肯州较好地保留了墨西哥注重家庭合作及象征意义的烹饪传统，这种美食传统在 2010 年被列入联合国非物质文化遗产。

历经数百年的文化交融，如今墨西哥已是举世闻名的美食王国。但来自前哥伦布时期的美食传统并未消散，下面这些菜肴，依旧保留着来自玛雅和阿兹特克时代的传统风味……

墨西哥粽是一种历史超过 2000 年的中美洲传统食物。做法是在玉米粉中加水、猪油或起酥油、肉汤，搅拌至浓稠，之后加入肉、水果、蔬菜等配菜，再放入辣椒等香料，用玉米叶

或香蕉叶包裹成粽子形，蒸熟即可食用。墨西哥粽通常由女性制作，可以用作旅行或行军食物。中美洲先民认为墨西哥粽是众神的食物，他们在节日和仪式中都会吃墨西哥粽。

玉米浓汤则由碱水处理的玉米加蔬菜或肉类炖煮而成。在阿兹特克时代，玉米浓汤是一道节日菜肴。现代玉米浓汤各地做法不一，通常包括玉米、猪肉（或者鸡肉、鱼肉、豆类）、洋葱、生菜、牛油果、牛至、辣椒等各种配料，也可以配上牛油果、酸橙、莎莎酱一同食用。

知识拓展

5000 多年前，中美洲先民就已开始种植辣椒，经由西班牙和葡萄牙的传播，今天辣椒已成为世界人民不可缺少的调料。和南瓜相似，辣椒种类多样，有多个起源中心。秘鲁是种植辣椒品种最多的国家，玻利维亚则是野生辣椒最多的国家。辣椒是中美洲最重要的调料之一，可以和各种蔬菜或肉类搭配，甚至还可以加到可可饮料中。

穿越时空
轻松解锁
古文明

图解古波斯

彭剑峰 著

航空工业出版社
北京

内容提要

古文明是现代文明的基石，它以璀璨的成果和梦幻般的神秘色彩，让无数人为之着迷。《穿越时空，轻松解锁古文明》面向青少年读者讲解古文明发展脉络及兴衰过程，分别是《图解古中国》《图解古埃及》《图解古希腊》《图解古罗马》《图解古波斯》《图解古阿兹特克》6册，讲述各大文明妙趣横生的传奇故事、名胜古迹、文化贡献和风俗习惯，是广大青少年读者学习古文明、汲取精神财富的好帮手。

图书在版编目（CIP）数据

穿越时空，轻松解锁古文明 . 图解古波斯 / 彭剑峰著 . -- 北京 : 航空工业出版社 , 2022. 5（2023.11 重印）

ISBN 978-7-5165-2966-9

Ⅰ . ①穿… Ⅱ . ①彭… Ⅲ . ①世界史 - 古代史 - 青少年读物②波斯帝国 - 历史 - 青少年读物 Ⅳ . ① K12-49 ② K124.4-49

中国版本图书馆 CIP 数据核字 (2022) 第 066343 号

穿越时空，轻松解锁古文明 · 图解古波斯

Chuanyue Shikong，Qingsong Jiesuo Guwenming · Tujie Gubosi

航空工业出版社出版发行

（北京市朝阳区京顺路 5 号曙光大厦 C 座四层　100028）

发行部电话：010-85672688　010-85672689

三河市金兆印刷装订有限公司印刷　　全国各地新华书店经售

2022 年 5 月第 1 版　　2023 年 11 月第 2 次印刷

开本：710 × 915　1 / 16　　字数：45 千字

印张：4　　定价：128.00 元（全 6 册）

简介

大家都知道，世界上有很多国家，也有很多文明，古波斯就是历史上非常有名的一个国家。那么古波斯在哪儿？古波斯文化是什么？孩子们很可能知之甚少。在孩子们内心充满好奇的年纪，学习历史文化知识，不仅有助于提高孩子们的文化修养，更有助于缓解他们学习上的压力。然而全是文字的书，孩子们可能不容易看下去。本书将用图解的方式，给孩子们带来有意思的古波斯。

目录

三

古波斯神话

四

古波斯的建筑风格

五

古波斯的习俗文化

一　古波斯的民族

1 勇敢的波斯人

古波斯的第一个民族就是波斯人。

波斯人很早就出现在这个世界上了，他们的祖先你了解吗？在了解波斯人之前，我们先来看看波斯人的祖先是谁吧！波斯人的祖先大约在公元前 2000 年从中亚搬到今天的伊朗居住，他们叫雅利安人。雅利安人后来分拆成多个族群，逐渐分成波斯人和米底人，波斯语及伊朗语支开始出现。雅利安人与伊朗高原的原住民通婚，孕育出新的种族，如埃兰人。另一个民族亚述人的书中把波斯人称为“帕尔苏”，知道波斯人居住在乌鲁米耶湖的东南岸。

波斯人就像中国的汉族一样，占国内人口的大多数。波斯人的先祖雅利安人并不是一开始就住在古波斯这个地方，他们刚开始有点像我们内蒙古的游牧民族一样，走到哪里就在哪里生活。

当波斯人来到了“古波斯”这片土地，勇猛的波斯人通过排挤这里的土著居民而在此定居。那个时候能吃能喝的食物很少，所以不同的民族会互相争抢生活物资。波斯人很勇敢，他们找到了定下来居住的地方，不用再到处迁移。

到后来，波斯人占领了一个在今天叫法尔斯的地方，并获得了“波斯人”这个民族的名字，而古波斯就是在这时候建立，也叫波斯帝国。

2 航海大师——腓尼基人

你们知道世界上最古老的民族是哪个民族吗？世界上最古老的民族之一就是腓尼基人，他们自称迦南人，是西部闪米特人的西北分支。他们的性格奔放，喜欢冒险，被人们称为“地中海霸主”。想知道腓尼基人为什么被称为“地中海霸主”吗？我们接着往下看。

被称为“地中海霸主”的腓尼基人生活的地方当然是在地中海，具体位置就在今天地中海东岸的黎巴嫩和叙利亚沿海一带。他们临海而居，非常擅长航海。腓尼基人就在这个地方建立了一个高度文明的古代国家。

公元前 10 世纪至公元前 8 世纪是腓尼基城邦最繁荣的时期。腓尼基城邦依靠什么这么繁荣呢？首先，腓尼基人生活在地中海沿岸，这是一个交通十分便利的地方；其次，腓尼基人在海边生活了很长时间，对海洋非常熟悉；最后，腓尼基人很擅长经商。

之所以能成为“地中海霸主”，离不开腓尼基人的掌舵，他们驾驶船只的技术非常高超，他们的船只也非常独特。他们驾驶着狭长的船只踏遍地中海的每一个角落，地中海沿岸的每个港口都能见到腓尼基商人的踪影。据说，他们驾驶的船只向北出发，能够到达远在北方的，今天的法国大西洋海岸；向南出发，甚至可以到非洲的好望角。这航海技术真是太厉害啦！

介绍了这么多，你们知道当时为什么这个民族的人被称为腓尼基人吗？据说，“腓尼基”是古代希腊语，意思是“绛紫色的国度”，原因是腓尼基人居住的地方特产是一种紫红色染料。腓尼基人强迫奴隶潜入海底采取海蚌，从中提取鲜艳而牢固的颜料，然后把用紫红色染料染成花色的布匹运销地中海各国。也正是这样，腓尼基人给世界人民带去了紫红色的印象。

古波斯建立后，他们把腓尼基人生活的地区合并到古波斯的版图中，通过商业往来，腓尼基人与波斯人成为友好伙伴。

腓尼基人是一个古老的民族，在历史发展的过程中，也遭受到其他国家的攻击。由于腓尼基人早已经消失在历史的烟波云海之中，有关他们的记载都出自曾经吃过腓尼基人苦头的希腊人和罗马人之手。所以，今天我们所知道的腓尼基人的资料不是很全面。

3 聪明的犹太人

人们常常说，犹太人是这个世界上最聪明的民族，那你们知道，犹太民族的历史还带有哪些神秘的色彩吗？让我们来一起揭秘吧！

犹太人的祖先名字叫雅各，雅各是以撒的儿子和亚伯拉罕的孙子。雅各很厉害，经常和神搏斗，没有被神打败，也没有战胜过神。后来雅各改名叫以色列，意思是“与神角力者”，说明雅各对自己很有信心。但有一次，他在和神搏斗的时候伤了腿筋，所以犹太人在宰杀动物时都要把动物的腿筋挑出来丢弃，用来表示对祖先雅各的尊敬。

传说雅各一共生有十二个儿子，雅各和十二个儿子在七个荒年的第二年搬了到埃及，当时的统治者西克索斯人热情

地招待了他们。那时正好是埃及第十五和十六王朝，雅各和儿子们定居下来，居住在尼罗河下游，转变为农业民族。

不过好景不长，统治者西克索斯人被努比亚人发动暴动赶出了埃及，努比亚人不喜欢雅各这样的以色列人，他们的地位急剧下降，被努比亚人抓去当了奴隶。后来了他们在一个叫摩西的人带领下逃出埃及，逃回巴勒斯坦定居。这时候雅各十二个儿子的后代形成十二个支派，原来在巴勒斯坦分居，后来统一成一个国家，小儿子便雅悯的后代扫罗先当上国王，当了四十年。之后由大儿子犹大的后代大卫担任国王。大卫这个名

字的意思是“被蒙爱者”，大卫的儿子所罗门担任国王时，是这个国家最强盛的时候。

犹太人民族，是一个非常聪明的民族。而他们的历史也非常悠久，早在古波斯建立的时候，他们就生活在今天的耶路撒冷地区。那么，犹太人民族和我们说的古波斯有什么联系呢？我们接着往下看。

前面我们说到，在很久很久以前，犹太族建立了一个王国，在国王所罗门去世后，王国分为两个，一个叫以色列王国，一个叫犹大王国，只不过犹大王国沦为了另一个大国新巴比伦王国的附庸国。

有一天，犹大王国听了埃及法老的游说叛变，要攻打新巴

比伦国，新巴比伦国王很生气，一举把犹大王国消灭了，还把犹太人抓起来当奴隶。这时候，古波斯人登场了，他们在扩张土地的时候，打败了新巴比伦国，解放了被关着的犹太人，放犹太人回到自己的家园，并帮助他们重新建立家园。因此，犹太人和波斯人也建立了很好的友邦关系。

4 善于交流的阿拉米人

看完对犹太人的介绍，我们来看下一个民族。这个民族很厉害，怎么厉害呢？他们在当时无论走到哪里，都可以和任何人交流，他们是怎么做到的呢？让我们来看看。

这个善于交流的民族就是阿拉米人，那时候他们住在今天西亚的两河流域到地中海东岸一带。这一地区现在我们称它为黎凡特地区。

在公元前 2050 年左右，阿拉米人在幼发拉底河中游住了下来，并继续沿着河流两端向其他地区迁徙，不仅扩大了自己住的地方，还吸收和传播不同民族和自己的文化。在这个迁徙的过程中阿拉米人吸收了阿摩利人和迦南人的文化，但也保持了自己的文化特性。

阿拉米人不像前几个民族，他们从未有一个统一的帝国，可他们又在不同的地区建立了多个独立王国，其中最强大的王国是一个叫大马士革的城。这座城由于所处地理位置很好，可以同时与两河流域的文化还有腓尼基——希伯来的文化交流。两个地方的人不断来往，在不断交流中阿拉米人的语言和文化影响了整个近东甚至更远的地区，其中包括亚述人和巴比伦人。

在这之后，大马士革这个城市成为地中海与东方贸易的一个重要枢纽。人们在海上来往，买卖东西常常会经过大马士革，后来随着大马士革的商业日趋发达，其政治实力也在中东崛起，直至公元前732年，亚述人发展起来，阿拉米王国才退却，并最终被消灭。值得一提的是，阿拉米人当时也和两河流域的人们一样，崇拜各种自然现象，会很认真地祀奉打雷下雨等现象。

古代的阿拉米人在被亚述人征服之后，逐渐与阿摩利人、亚述人、巴比伦人生活在一起，我们称一起生活的这群人为亚兰人。他们使用的语言是亚兰语，这种语言一度成为西亚西部地区的公共用语。直到今天在黎巴嫩和叙利亚某些偏远村庄里还能听到亚兰语。

善于经商的阿拉米人去过的地方非常多，阿拉米语也在这时传播给了其他的邻族，并在公元前500年前后逐渐取代楔形文字阿卡德语成为西亚的官方语言，甚至商业、文化和民间也使用这种语言，后来犹太人也采用了这种文字。而且，阿拉米语的影响超出了中东，发展为印度的天城体字母，以及中亚的粟特字母，并经由后者发展为中国的回鹘文、突厥文、蒙古文、满文和锡伯文的字母。

二　古波斯重要人物

1 菲尔多西让当地人都说波斯语

在古波斯，有一个很厉害的诗人，人们都称他为最伟大的诗人。他让人人都爱波斯语，让当地的人都讲波斯语，他的名字叫菲尔多西。他在霍拉桑图斯城郊的巴葱村出生，菲尔多西出身于贵族家庭，从小没有吃过多少苦，也没有经历过病痛，受到了良好的教育，学习很好。更厉害的是，他还精通各种语言，有波斯语、阿拉伯语、巴列维语。他很小就喜欢读波斯古籍，这让他从中了解了很多波斯民间的历史、传说和故事。

为什么说他是最伟大的诗人呢？因为他写了一本书，书的名字叫《列王纪》，我们想要知道人们为什么都赞扬他，就要从这本书开始，我们一起看看这是一本什么书吧。

《列王纪》可不是一般的书，这是伟大诗人菲尔多西用了一生创作的一部民族史诗，他早在公元 980 年左右就开始创作《列王纪》，直到公元 1009 年才完成第一稿，并且他在临终前还进行了最后一次修改。由此可见，《列王纪》对菲尔多西来说，是多么重要的作品，我们不妨来深入了解一下《列王纪》吧。

《列王纪》也可以叫作《王书》，它是波斯人表达爱国热情，用波斯语言文字进行创作的一部文学作品。波斯的统治者为了反对阿拉伯人的思想，大力地提倡人们写这样的书籍。在萨曼

王朝时期，宫廷诗人塔吉基曾受王命写王书，但他却被仆人给杀害了，只完成了 1000 行，菲尔多西就把这 1000 行诗收录在《列王纪》中，用来纪念塔吉基。

《列王纪》的内容很多，长达 60000 行，里面叙述的内容，从远古写到公元 651 年波斯帝国灭亡为止，讲述了波斯历史上 50 个帝王公侯。主要内容分为三部分：一是神话传说；二是勇士故事，勇士故事约占全书的一半篇幅；三是历史故事。

《列王纪》完成于波斯人爱国主义高涨的年代，里面有很多反对异族侵略与统治的思想。也正是如此，本来是萨曼王朝臣民的菲尔多西，在创作完《列王纪》后，其家乡被纳入加慈尼王朝。因为《列王纪》所表达的思想，菲尔多西不但没有得到封赏，反而屡遭迫害，到处流亡，最后只能偷偷回到故乡。在他去世后，还遭受当地宗教首领的反对，遗体没能埋葬在公墓里。到了公元 1934 年，伊朗政府才为这位诗人建造陵园。

虽然菲尔多西直到老年都被人迫害，但他创作的《列王纪》对阿拉伯文学、土耳其文学、亚美尼亚和格鲁吉亚文学都产生了深远的影响。《列王纪》极少使用阿拉伯词汇，几乎全部用波斯文字写成，从而确立了波斯语的历史地位，这就是菲尔多西成为波斯人眼里最伟大的诗人的原因。

2 爱旅行的阿拔斯一世

我们知道，古波斯是一个强大的帝国，在它最强大的时候，是不可战胜的，那么你们知道是谁带领古波斯走向顶峰的吗？我们一起来看看。

这个人，他叫阿拔斯一世，是波斯萨菲王朝的第五位国王，他在做王子的时候，就独自镇守赫拉特这座城市，阿拔斯一世可以说意气风发。

阿拔斯一世也是一个伟大的人，他被人们称为大帝。他特别擅长管理民众和发展经济。不过有一个部落就不高兴了，他们是突厥人游牧部落，他们想分裂出去。阿拔斯一世不会让这种行为发生，于是和突厥人进行长期斗争。阿拔斯一世还把格鲁吉亚人、亚美尼亚人、阿塞拜疆人强行迁至波斯内地，以发展那里的生产力。他无情地镇压被征服民族的一切反抗企图。

在对待其他国家的做法上，阿拔斯一世十分积极。他当上国王后的第一年就割让部分土地给奥斯曼帝国和乌兹别克人，公元 1590 年又与奥斯曼帝国签订了合约，但这是为建立一支强大的正规军做的准备。

古波斯帝国之前依靠的游牧民族军队不好管理，而且经常造反。阿拔斯一世很快向反叛军发起反击：公元 1597 年，他从乌兹别克人手中夺回呼罗珊；公元 1601 年占领巴林。但与土耳其人的矛盾并未从此解决，从公元 1603 年起，阿拔斯一世三次对奥斯曼帝国作战。战争结束后，古波斯帝国获得对整个外高加索地区的统治权。

公元 1622 年，阿拔斯一世还在英国舰队的帮助下从葡萄牙手中夺回了霍尔木兹。到公元 1623 年，阿拔斯一世已经统治着一个西至底格里斯河，东至印度河的庞大帝国。

作为一名贤明的君主，阿拔斯一世鼓励发展手工业和商业，使国内出现长期以来未有的繁荣。他的统治标志着波斯艺术成就的一个高峰，特别是在绘画、纺织和手稿插图绘制等领域。他不仅是艺术品的大买主，还建造了一个极为奢靡的宫廷。

在阿拔斯一世统治时期，波斯的首都从加兹温迁至伊斯法罕。阿拔斯一世对伊斯法罕进行了大规模的重建，今天该城许

多壮观的建筑物就是在他统治期间完成的。

阿巴斯一世是一个建树颇多、眼界开阔的帝王。在伊斯兰发展史上，他与苏莱曼大帝、阿克巴大帝齐名，不但影响了伊朗历史，而且对大航海时代的东西方文化交流也起了很大作用，因而被尊称为阿巴斯大帝。

在他的统治时期，中世纪的波斯达到了国力的顶峰。

3 不吃当地鱼的大流士一世

在古波斯，有一个国王很凶悍，打起仗来是一个常胜将军，人们都叫他“铁血大帝”。但古波斯的人民并不害怕他，反而一致拥护这位国王，这个国王是谁？为什么能有这样的魅力呢？答案就在下面。

这个国王，我们把他叫作大流士一世，他出身在一个王族。他的父亲是当时国王的堂兄弟，曾在帕提亚地区当过官。公元前 525 年，当时的国王率领波斯军队去攻打埃及，并任命大流士为有着“万人不死军”称号军队的总指挥。但不久，波斯国内的庇里什瓦德地区爆发了政变，叛军领袖用国王弟弟的名号自立为王，国王得知消息后率军匆忙回国，却在途经叙利亚的埃克巴坦那时暴毙身亡。

在国王去世后，大流士得到贵族们的支持，回国平定叛乱，并于西迦耶胡瓦提堡杀死了反叛领袖。在反叛领袖死后几天，大流士和同伴们商量了很久古波斯以后的政治道路，最终大流士的君主专制制度说服了贵族们，不久之后，大流士就当上了国王。

大流士不仅是波斯帝国的伟大君主，同时也是世界历史上著名的政治家之一。他在继位不到一年的时间里，以逐个击破的策略，先后发动十八次大战役，铲除了八大割据势力的首领，偌大的波斯帝国重归一统。

大流士一世功成名就后巡行各地，在巡行至一个叫贝希斯敦的小村庄时，他让人在附近的石壁上刻上了著名的《贝希斯敦铭文》，为自己歌功颂德，以便流芳百世。他自称“万国之王”，后世尊称他为“铁血大帝”。

大流士一世在吃喝上有两个嗜好：一是他只喝故乡苏萨的河水，所以每天都要派人把水从苏萨运到帝都；二是他喜欢爱琴海的鲜鱼，因此动用驿站传送，以至于希腊人惊叹道：“大流士一世住在巴比伦，却能吃上爱琴海的鲜鱼。”

4 宗教教主琐罗亚斯德

在古波斯，有一个神秘的雅利安人创建了一个宗教——拜火教，即琐罗亚斯德教。波斯帝国的人们大都信仰这个宗教。这个雅利安人的名字叫作琐罗亚斯德，是琐罗亚斯德教的创始人。

在古波斯还没建立的时候，琐罗亚斯德就出生了，他是一个生活在波斯游牧部落贵族家庭的雅利安人。他很奇怪，在 20 岁时就一个人离开家独自隐居，在隐居十年后获得了启发，在 30 岁的时候通过改革传统的多神教创立了拜火教。

但他也因为创立拜火教而受到传统教会祭司的迫害，拜火教也因此并没有很快传播开来。直到他 42 岁时，伊朗东北地区一国家的宰相娶他女儿为妻，将他引见给国王，拜火教才在古波斯迅速传播。后来，他在一次战争中受到牵连，在一座神庙中被杀身亡。

5 古波斯第一个皇帝居鲁士大帝

古波斯有这么多有趣的事情，也有这么多勇敢的国王，那么你们知道古波斯的第一位国王是谁吗？

公元前 7 世纪，在如今的伊朗西部住着两个都说伊朗语的部落，一个就是我们说的波斯人，他们在南边。另一个种族叫米底，他们在北边。过了几年，米底人和巴比伦人一起打败了亚述帝国，米底从此称帝，成为西亚当时最强大的国家之一，而波斯人成为他们的臣属。居鲁士就是波斯人与米底人通婚的后代。

有一位聪明的学者，人们称他西方“历史之父”，他在他的书里记录了居鲁士的离奇身世。

有一天，米底国王阿斯提阿格斯做了个梦，他梦见自己的女儿芒达妮的后代将夺取自己的王位并成为亚细亚的霸主。于是，他决定将女儿嫁给地位较低且性格温顺

的波斯王子冈比西斯，以便使女儿的后代失去问鼎米底王权的资格。但在女儿怀孕时，这位国王又被一个噩梦惊醒，他梦见从女儿肚子里长出的葡萄藤遮住了整个亚细亚。为了防止不好的事情发生，国王决定外孙一降生就把他处死。

这个新生的婴儿就是居鲁士。他一生下来，就被交到国王的亲信大臣哈尔帕哥斯手上。大臣不敢自己动手，便把孩子转交给一个牧人，命令他把小居鲁士丢到荒野。牧人的妻子恰巧

刚产下一个死婴，于是他们留下了居鲁士，用自己的死婴顶替居鲁士。牧人的妻子叫斯帕科，在米底语中是“母狼”的意思，因此后来有传说称居鲁士童年时曾得到母狼的哺育。

居鲁士 10 岁的时候，和同村的孩子玩扮国王的游戏。被孩子们推举为国王的居鲁士，鞭笞了一个抗命的贵族之子。事情越闹越大，以至于国王阿斯提阿格斯亲自介入调查，居鲁士的身份终于被发现。这时宫廷祭司说，这个孩子已经在游戏中成为过国王，不会再第二次成为国王了。阿斯提阿格斯终于消除疑虑，将居鲁士送回波斯。

居鲁士回到波斯后，他先征服了米底，然后再征服吕底亚，最后征服巴比伦，成为我们所说的古波斯第一位国王。

三　古波斯神话

1 神射手阿拉什

古代的波斯曾经和另一个国家打了很久的仗，这一仗打了六十多年，双方都不肯罢休。跟古波斯打仗的国家叫古图兰，古图兰有一个大将军叫艾夫拉塞伯，他带领着古图兰的军队，一步一步地把那时古波斯王麦努切赫尔及手下的军队包围。虽然艾夫拉塞伯已经把古波斯的军队包围，但出于对实际情况的考虑，两个国家决定用和平谈判的方式结束这场战争。

不过，谈判没有那么顺利，在分割战争后的土地时，两个国家又起了冲突，就像两个小孩为所得蛋糕大小不一样而吵架。如果处理不好，就又要打仗了，大家肯定是不愿意的。

这时候，双方的使者提出了这样一个方案：“让一位两个国家都认可的勇士登上一座叫德马峰的山顶，然后向东方射出一支箭，那支箭落在哪里，哪里就是两个国家的边界线。”

我们的主角阿拉什是古波斯人，也是麦努切赫尔王身边的得力助手。阿拉什的射术非常精湛，是当时古波斯的第一射手，他带领着麦努切赫尔王最精锐的弓兵部队。在战场上，阿拉什的弓技大放异彩，这也使得战争双方都知道他的厉害。

阿拉什精湛的弓技绝对有资格做这个勇士去爬上山峰，射出那一箭。阿拉什也自告奋勇说他要来做这个勇士。可古波斯

麦努切赫尔王却难以下定决心，直到有一天晚上，他梦见有位神灵托梦给他，告诉他阿拉什是射那一箭的最佳人选。才下定决心，让阿拉什出任射那一箭的人。

见识过阿拉什的神勇，古图兰也表示认同由他射箭。于是他们约定好了时间，约定的时间就是今天伊朗人民的夏至日。

等到那天，阿拉什带着特别制作的弓与箭登上了德马峰，古波斯和古图兰的大军各自围着各自的国王在不远处观望，他们要亲自看到最终的结果。

在人们的注视下，强壮的阿拉什将弓大大撑开，把弓拉圆到不能再拉，咻的一声，箭飞了出去，紧接着，阿拉什健硕的身体变得四分五裂。

阿拉什死了，他用生命射出的箭化作流星，箭飞得很远，一共飞行了 2500 千米，最终掉落在阿姆河的河岸。

古波斯和古图兰的人们，都接受这神奇一箭的结果，认为这是神灵的旨意，于是各自退兵，战争就此结束。阿拉什用生命换来了古波斯和古图兰的和解，他也成为和平的象征。

2 霍尔莫兹德与阿赫里曼

在古波斯，有一个神，他是光明世界之主霍尔莫兹德。

有一次，霍尔莫兹德预感终会有一天与他对立的黑暗世界之首阿赫里曼会向光明世界发起进攻，于是霍尔莫兹德建起一个理想的天国，防止黑暗世界之首阿赫里曼的入侵。

3000 年过去了，有一天恶魔阿赫里曼钻出黑暗的地狱，发现了光明的世界，他便暗自创造出许多妖魔，准备与光明世界神主较量。

但光明世界之主霍尔莫兹德早已预知了未来 9000 年他们的斗争结局，一点都不慌乱。他知道前面 3000 年阿赫里曼将躲在黑暗的窟窿中没办法出来，而霍尔莫兹德称霸天下；再往后 3000 年，阿赫里曼从黑暗世界出来与霍尔莫兹德争夺世界统治权。这时候爆发了善恶的斗争，世界一片混乱，这段时间被称为混合时期；最后 3000 年，霍尔莫兹德将在人类的帮助下力克妖魔，战胜阿赫里曼。

于是霍尔莫兹德向阿赫里曼提议，将双方斗争的期限规定在 9000 年以内，阿赫里曼愚蠢地接受了。

在前面 3000 年中，霍尔莫兹德利用阿赫里曼居住

魔窟营造妖魔之事，建立起牢固的防御工事。他创造出大天神和火、气、水、土四大要素，并降尘世人类和生灵，设计七重天，完成开天辟地。

接下来的3000年，魔王阿赫里曼在女妖贾赫的煽动下，带领众妖向光明世界杀去，他们所到之处，尘世

便到处出现贫穷、灾难、暴虐、凶残等恶行。霍尔莫兹德奋力反抗，经过多次交锋，仍决不出胜负。

到最后 3000 年，光明终于战胜黑暗，霍尔莫兹德将阿赫里曼赶回魔窟。他修补好苍穹，并用琐罗亚斯德的灵体降伏了恶魔造成的一切灾难，使人类重新走上真诚、纯洁、善良的光明大道。

3 灵光的故事

你们喜欢精灵吗？在古波斯，有这样一个故事，里面有一个神主，他经常保护真正的英雄，而他施法的过程，会变成光圈，这个故事叫灵光的故事。

灵光，就是之前我们看过的拜火教的专门术语，它象征光明世界的神主霍尔莫兹德的意志、力量及辅佐。谁如果获得神主的灵光，谁便能成为超凡脱俗之人，万事顺遂，不畏任何阻碍，任何帝王如果没有灵光的神助就不可能拥有王权，所以灵光从来都是众神祇及波斯诸王们想得到的。

当诸神想要化险为夷时，便要向神主祈求灵光，如果神主愿意保护，便化为一道神奇的光圈，或化为飞鸽、老鹰、山羊等为神助威。

据说黑暗世界之首阿赫里曼和妖魔之首阿库曼、怪物阿日达哈克等也非常想得到灵光，不过神主及其众神、波斯君主们尽力保护灵光,为此引出了许多关于他们争夺灵光的神话故事。

那么，获得灵光后的人会怎么样呢？

传说第一位与灵光结合的君主是卑什达德王朝的胡尚格，他曾依靠灵光的辅佐统治了地面上的七个国家，并消灭了一切邪恶势力。

第二位与灵光结合的是胡尚格之子塔赫穆雷斯，他执政13年，建立了丰功伟绩。

贾姆希德是第三个与灵光合二为一的人，他在位期间，国泰民安，风调雨顺，曾将阿赫里曼及众妖打得一败涂地。传说神圣的灵光曾先后三次脱离贾姆希德的身体，为几位英雄拥有，英雄们借助灵光战胜了众妖。后来贾姆希德居功自傲，灵光便化为鸟飞离，当灵光脱离贾希德后，他被众妖打败。

这个故事反映了古波斯人对神主的崇拜和敬仰，同时他们用神的灵光来寄托对美好事物、对英明君主的希望。这个故事取材于《扎姆亚德·亚什特》，反映了古波斯人希求民族兴旺发达的愿望，也是赞美君王英勇无敌的颂歌。

4 雨神与旱魃之战

前面说过，光明世界之主霍尔莫兹德和黑暗世界之首阿赫里曼 3000 年不断地斗争，他们的手下也发生了很多冲突，我们一起来看看有名的雨神和旱魃之战。

相传神主霍尔莫兹德完成万物的创造之后，委派各神去分掌江河湖海、日月星辰及万物生灵，泰什塔尔被指派为雨神，他让波斯各地江河奔流，水源充足，庄稼丰收。

但恶神阿赫里曼不愿让世界这么美好，便降下旱魃阿普什在大地兴风作浪。他让土地变得干裂无水，让风中带上灼热的气流，使江河干涸，庄稼枯萎。

雨神眼看自己降下的雨水被旱魃吸干，他一会儿化作容光焕发的青年，一会儿变为强有力的公牛，一会儿又成了一匹白色的骏马，在天空飞驰，降下大水，于是形成了法拉赫·卡尔特河。

然而旱魃阿普什毫不示弱，变成一匹黑秃马前来迎战，雨神连续几天降雨，终因体力不支，败下阵来，世界又变得一片荒凉。

雨神泰什塔尔悲痛万分，祈求神主赐其力量，助其威风，再战旱魃。终于在第二次交锋中雨神大胜阿普什，并将旱魃赶到卡尔特河的千里之外，江河再次波涛滚滚。可事隔不久，阿普什重振威风，并得到魔鬼斯平奇卡尔的帮助，向雨神发起猖狂进攻，谁知雨神已得神主鼎力相助，他放出闪电之神阿塔什·瓦泽什特，将恶魔斯平奇卡尔一下击毙，为此恶魔发出声嘶力竭的鸣叫，这便是人们听到的打雷声。

雨神再次取胜，他连续十夜降下大雨，雨水停后流向四面八方，后来形成了三大海洋，二十三条江、两大清泉及两股溪水。

这个故事通过雨神与旱魃之间的反复斗争，生动反映了古波斯久旱不雨的夏季酷热难熬的情景，古波斯人急切祈求普降甘霖，滋润大地。他们用泰什塔尔象征雨水，用阿普什象征干旱，当泰什塔尔初战失败后，他并没有退缩，而后重振雄风，再战旱魃。这反映了古代人应对自然，改造自然的决心。

四　古波斯的建筑风格

1 庄重的王朝建筑

古波斯是一个人口众多的国家，土地也比较广，他们的建筑也非常有特色，想知道古波斯的宫殿和我们的宫殿有什么不一样吗？让我们来了解一下古波斯的宫殿建筑吧。

古波斯的宫殿一般建在用石头搭的山边平台上，这个平台有 15 米高，长 460 米，宽 275 米。

人们在平台的北边建造两座用来举办大型活动的殿堂，东南边用来修建财库，西南边用来造王宫和后宫，周围有花园和凉亭。

宫殿建筑的位置分布非常整齐，宫殿主要用伊朗高原的硬质彩色石灰石建造。正面入口的前面有个大平台和大台阶。台阶两侧墙面刻有浮雕群像，象征八方来朝的行列，适应大台阶的外形，逐级向上，与建筑形式协调统一。

我们一起看看两座仪典大殿吧！它们的平面都是正方形，石柱木梁枋结构。前面一座为薛西斯一世接待殿，有76.2平方米。殿内有石柱36根，柱高有19.4米，柱径与柱高之比例为1 ：12，柱中心纵横间距均为8.74米。你们能想象出来宫殿长什么样吗?

大殿除了有四个角，他们还建造有塔楼，塔楼之间是两进柱廊，柱廊有大殿一半高。大殿开有高侧窗。在柱廊西面是检阅台，可以看到来朝贡的外国使节支搭的帐篷。另一大殿是大流士百柱殿，它有68.6平方米，100根石柱，柱的高度有11.3米。两座大殿都较为简单，但看起来非常大。这样的建筑在古代建筑中是很少见的。宫殿外墙面贴黑白两色大理石或琉璃面砖，上作彩色浮雕。木枋和檐部贴金箔。大厅内墙满饰壁画，石柱上的雕刻精致。覆钟形柱雕刻着花瓣纹，覆钟之上为半圆线脚。柱身有40～48条凹槽。柱头由覆钟、仰钵、几对竖立的涡卷和一对相背而跪的雄牛像组成。

2 像桥一样的建筑：萨珊王朝

古波斯有一种很特别的建筑，它的外形看起来很像一座桥，因为它有一个圆圆的拱，就像拱桥一样，它就是萨珊王朝建筑。

之所以把这样的建筑称为萨珊王朝建筑，是因为古波斯在萨珊王朝时期普遍流行着一种拱顶结构的房屋，半球形的圆屋顶通过内角拱或突角拱支撑着盖在方形的房屋上。安息王朝时代就出现了拱顶桶形建筑——依旺，到萨珊王朝就广泛运用于王宫建筑的入口和觐见厅。我们把这样的建筑称为萨珊王朝建筑。

萨珊王朝的城市建筑遗迹主要有泰西封城及科斯洛埃斯二世所建的宫殿、菲鲁扎巴德城、比沙普尔等。

泰西封城原本是安息王朝的首都，在萨珊王朝时代于公元 4 世纪重建，泰封西城是以巍峨的王宫著称的。这座王宫的中央是一座高约 37 米、拱跨约 25 米的拱顶大厅，四周连着带拱顶的暗楼。王宫以砖石建成。

当时城内还残留下 20 座拜火神庙，庙宇平面呈方形，屋顶为圆形，屋子四周为带拱顶的走廊。不少庙宇建于岩石山峰顶上，几千米外即能看到庙前燃烧的“圣火”。

那个时候各种房子的墙面都先用泥土糊上，再进行图案雕刻或镶嵌。另一个城市菲鲁扎巴德，城址平面是一个圆形，象征拜火教所崇拜的太阳圆盘。它有三道环城城墙，外面两道城墙各有 4 座城门。城市中央是王宫、政府官邸、神庙和烽火塔。建筑物都呈方形，带圆屋顶。

3 最具代表性的建筑：新都波斯波利斯宫殿

古波斯帝国成立以来，经历了很多事情，建造了很多城市，还发明了不一样的建筑，其中最有代表性的建筑叫波斯波利斯。可是为什么它是古波斯最有代表性的建筑呢？让我们先了解一下这座千年古城吧。

波斯波利斯，也可以叫塔赫特贾姆希德，它是波斯帝国大

流士一世即位以后，为了纪念阿契美尼德王国历代国王而下令建造的都城。波斯波利斯可是古代阿契美尼德帝国政府人员工作的地方和他们认为神居住的地方，它建造于大流士一世在位的时候。古波斯的工程师很聪明，他们巧妙地利用地形，依山造势，将自然地理优势和人类建造艺术精华完美地融汇在一起，造就了这样一座都城。

波斯波利斯主要建筑物有万国之门、大会厅、觐见厅、百柱宫、大流士宫殿、薛西斯宫殿、宝库、储藏室等。全部建筑用暗灰色大石块建成，外表用大理石来装饰。

在王宫西城墙的北端有两处很庞大的石头阶梯，东边是国王薛西斯所建的四方之门。大会厅在城市中部西侧，边长83米，中央大厅和门厅内有石柱72根。这些石柱高18米，柱头有公牛雕饰，它们的作用是用来支撑屋顶。觐见厅在城市中部偏东，是有名的“百柱厅”。

城西南角为阿尔塔薛西斯一世和薛西斯一世的王宫，东南角是宝库和营房。城中出土文物有浮雕、圆雕、石碑、金饰物、印章和泥板文书等。掌握众多附庸国的波斯帝国皇帝，受美索不达米亚诸都城的启发，将波斯波利斯建成一座拥有众多巨大宫殿群的建筑城。

五　古波斯的习俗文化

1 奇怪的饮食方式，一天只吃一餐

俗话说，“民以食为天”“人是铁饭是钢”。世界上每个人都需要吃东西，但每个地方的人吃的都不太一样，几千年前的古波斯人，吃的会是什么呢？

其实在古波斯时期，刚开始人们主要种大麦和小麦，家里还会养一些家禽，但能吃的食物很少。

直到薛西斯时代，他们的饮食还非常简单，一天只吃一餐，饮料就是白开水。但到了后期，尽管还是一餐，但贵族们这一餐从中午一直吃到晚上，而且山珍海味，常常换新，全国上下都在研究什么东西怎么做才好吃。

2 不爱神像，喜欢大自然

古波斯人不供养神像，不修建神殿，不设立祭坛，习惯到最高山峰向神、日、月、大地、火、水、风祭拜。

奉献祭品的人把他即将屠宰的牲畜牵到个洁净的场所，就在那里呼叫他要向之奉献祭品的那个神的名字。

习惯上，这个人要在头巾上戴一个桃金娘的花环。奉献祭品的人不允许只给自己祈求福祉，他要为国王，为全体波斯人

的幸福祷告，因为他自己必然就在全体波斯人当中了。

随后他把屠宰的牲畜肉切成碎块，煮熟之后便把它们全部放到他能够找到的最新鲜柔软的草上面，特别是车轴草。这一切办理妥当之后，便有一个祭司前来歌唱一首赞美诗，据波斯人说，这首赞美诗是详述诸神的源流的。除非有一个祭司在场，否则任何奉献祭品的行为都是不合法的。仪式完成之后，奉献者就可以把当作祭品的肉带走，随他怎样处理都可以了。

3 喜欢喝酒，越喝越“清醒”

古波斯人喜欢喝水，但他们更喜欢喝酒，他们喜欢喝酒到什么程度？看看下面这个古波斯人的习俗，你就知道波斯人有多爱喝酒。

古波斯人通常是在饮酒正酣的时候才谈论最重大的事件。

而在第二天他们酒醒的时候，他们聚议所在的那家的主人便把前夜所做的决定在他们面前提出来：如果这个决定仍得到同意，他们就采用这个决定；如果不同意，就把这个决定放到一旁。他们在清醒的时候搁置的事情，却总是在酒酣时才重新加以考虑。

4 古波斯人的饮食习俗

波斯人居住的地方是一片绿洲，其中有些地方是草原，有些地方适应于耕作，其周围还有许多沙漠。这种自然地貌，使得波斯人不能种植稻子，而只能种植小麦、大麦和高粱。波斯开国君主居鲁士没有成为帝王之前，是个耕种小麦的农人。他第一次试图起事就是在农田里召开的会议，他对参加会议的人说：“既然如此，波斯人啊，我命令你们每人都去把自己的镰刀带来。”

那个时代，镰刀只能用来收割麦子。受物产限制，大麦和小麦成为波斯人的主食。目前关于波斯人的烹调技艺，我们知道得不多，从希罗多德的记载来看，他们是以制作麦饼为主的，另外还做汤饼、烤饼和面条。令人感到垂涎的是，波斯人很会烤制一种小饼，他们叫它为点心，品种很多。吃完正餐之后，往往添上各种各样的点心，他们一边聊天，一边吃点心，只有这样，他们才感到吃饱了。波斯人经常抱怨希腊人在正餐之后不上点心，以至于他们时常抱怨正餐后仍感到饥饿。

在希罗多德的记载中，有这样一个故事：一些小男孩和小女孩受到了追捕，萨摩斯人便将这些小孩藏了起来，并给他们

一种用芝麻和蜜抹蘸做成的饼。一些资料表明，波斯占据小亚细亚后，波斯人的饮食中开始有了面包。这是一种经过发酵烤熟的食物，非常容易消化。

除了粮食之外，畜牧业在波斯人的经济生活中占有重要地位，这是游牧民的饮食来源。游牧的波斯人放牧羊和牛，其中以羊为主。波斯人将羊放在大锅里煮，然后将煮熟的大块肉拿出来，用小刀削着吃。这种习俗后来对整个北方游牧民的饮食方式产生了很大影响，例如汉代以后的乌孙人、匈奴人、突厥人、

蒙古人都流行这种食俗。

辽阔的波斯土地还有许多空地，这为耕种农田的居民在业余时间里饲养家畜提供了场所，波斯人的家畜主要是山羊、绵羊和牛。波斯人饲养山羊，不只为了吃肉，还为了喝山羊奶，这是波斯人的重要饮料之一。波斯人饲养家畜是用来吃的，并不用来交换。居鲁士第二次召集起义大会，就将自己家所养的家畜拖出来，供大家开怀大吃，以此笼络人心。

被拖出来的家畜有山羊、绵羊和牛。希罗多德《历史》对此有比较详细的记载，他说："这时，居鲁士便集合了他父亲所有的绵羊、山羊和牛，屠宰了它们，准备犒劳波斯全军。"

狩猎业在当时的波斯人那里还占据着比较重要的地位，这不仅仅是因为好动的波斯人想以此来打发时光，也不仅仅是为了消闲的波斯人缅怀过去，最主要的原因是为了补充生活。他们或带着弓箭去打猎，或带着渔网去河里捕鱼。狩猎对象是森林边缘地带的小动物，如兔、鼠、狐、野鸡等。狩猎人的生活在希罗多德《历史》中有比较有趣的记载，其中一段是记载一位伪装成狩猎人的使节如何给居鲁士通风报信，催促他早日起事的："他巧妙地把一只兔子的肚子剖开，但却不拔去它的毛，把一封写上了他的意见的信塞到了里面去，再把腹部照旧缝好，然后他便把这只兔子交给了他最忠实的奴隶，并把他打扮成带着网的猎人，将他派到波斯去送野兔。”

肉类烹调技术在波斯人这里比较简单，主要有烧、烤、煮三种。他们在最隆重的节日里烧烤整只牲畜，甚至是牛，这是他们最喜欢吃的一种肉，名叫烤全牲。这种习俗对中亚和西域的古代居民的烹调技术有很大的影响，直到今天，在中亚和新疆的许多地区，烤全牲仍被认为是最隆重的待客礼节。

在肉类当中，波斯人对鱼类有着一种偏爱，他们很喜欢吃鱼。这种习俗大概起源于原始社会时期的渔猎业。波斯人，特别是被波斯人征服了的巴比伦人，捕得鱼后，便把它们放在阳光下晒干，然后将鱼干放在石臼里用杵捣碎，再用麻布筛过，最后做成鱼糕或鱼饼吃。也有一些波斯人不这么吃，因为这么做太麻烦了。他们通常将鱼放在水里炖着吃。

波斯人居住的地方，由于地广人稀，野生植物很多，所以采集的野菜，也成为波斯人饭桌上的佳肴。另外，在波斯人居住的地方，还有无花果、小米、橄榄、芝麻、枣、葡萄、椰子，等等。波斯人用芝麻油烧菜，还吃蜂蜜。在波斯人的饮料当中，除了稍稍有些酸涩的山羊奶之外，还有葡萄酒，这是波斯人非常喜欢喝的饮料。葡萄酒在当时是一种很时髦的饮料，从意大利半岛直到天山山脉的东沿，各族居民都喜欢喝这种饮料。他们的饮料配方、制作工艺、调酒方法都是一样的。

波斯人对饮水是很重视的，他们不喝不流动的水，通常喝流动的河里的水。我们没有发现他们用井水的记载和迹象。一些比较富有的贵族，即使是出门，也要带上自己经常喝的那条河里的水。希罗多德对此有比较详细的记载：“大王在出兵作战的时候，总是带着在国内准备充分的粮食和畜类。此外，还有专供波斯国王饮用的水，这水是从流经苏撒的科阿斯佩河中汲取来的。不管他到什么地方去，总有骡马拉着的四轮车跟随着，上面载运着储藏在银坛里面的、煮沸了备

用的科阿斯佩河的河水。”

对于自己的饮食，波斯人一直是引以为豪的。希罗多德对此有较为详细的记载。例如在与马萨该塔伊人作战时，居鲁士的重要谋臣克洛伊索斯就曾经说：“马萨该塔伊人对于波斯人生活上使用的好东西都没有见过，他们从来没有尝过人间的至美之味。因此，让我们在自己的营地里给他们准备盛宴，你可以慷慨地切大量的羊肉来烹饪，同时在酒杯里斟上醇酒，还可以放上各种各样的菜肴。”

5 古波斯人的穿着

波斯人的服饰资料目前保留下来的比较多，但主要是男人的服饰，很少有女人的服饰。受这种资料结构限制，这里着重介绍男性居民服饰。

在希腊瓶画当中，我们见到了两件反映波斯人服饰的画面。一件制作于公元前 5 世纪，一件制作的时代为公元前 6 世纪末，可将它们视为同一时代的服饰资料。通过这些我们知道，波斯人的衣服要比希腊人、斯基提亚人复杂得多。波斯人通常穿内

衣，在内衣之外，他们罩套外衣。外衣和内衣都是由上衣和下裤组成。

波斯人的内衣是用亚麻布做成的。这种长过于膝、类似于袍的服装通常为圆领，对襟，直袖。男性和女性的内衣大体相同。在波斯人那里，没有短内衣裤的说法，他们没有内裤、背心之类的东西。还有一种内衣是睡衣的变体，它是由上衣和下裤组成的。上衣有领，为较低的竖领，两排扣，扣饰为金属质料。

裤子有些像现代人的灯笼裤，比较宽大，大裆，脚管也比较粗。通常在居家之时，波斯人穿着这种衣服活动或睡觉。但若外出或见客则不能穿这种衣服，而要穿外衣。这种衣服虽然宽大，但亚麻质料比较硬，穿在身上并不舒服。后来，波斯人通过希腊人知道了棉花，于是将亚麻布改为棉布。棉布服装比亚麻布服装柔软，又易洗涤。

波斯人的外衣大多是用毛布和皮革制作的。当时虽然纺织技术还不太进步，但波斯人掌握了竖机技术。他们将织好的毛布经过加工、染色，还能制成非常好的布料。关于他们穿的皮革衣服，希罗多德记载道："他们穿着皮革制的裤子，他们其他的衣服也都是皮革制作的。波斯人的外衣大都是分上、下装的。"其款式与内衣有些相似，由高折领、对襟、三片襟衣所组成。

波斯人的外衣与内衣最大的区别是：内衣相对宽松，而外衣则显得紧身。

波斯人喜欢白色，所以服装大都是白色。这种习俗对西亚产生了很大影响。伊斯兰教徒崇尚白色，将白色看成最庄重的颜色，追溯源流，与此不无关系。波斯人的鞋子样式很独特：它是由牛皮制作的软底鞋，腰很高，前面足额向上开口，开口处的牛皮上制鞋带眼。波斯人用麻绳、细牛皮条为系带。波斯人的鞋子高度一般在小腿肚子的上端，鞋子额面、腰侧、鞋沿

都用金或铜进行装饰，装饰图案有动物纹饰、花纹、植物纹样。

公元前 4 世纪，阿塔恭西斯二世在苏撒为自己修了一座王宫，王宫墙壁是用琉璃砖镶嵌的。其中一段琉璃砖壁上，刻画了几个波斯御林军弓箭手形象。通过这几个弓箭手的形象，大致可以了解到波斯御林军服饰方面的情况。御林军弓手身上穿广袖长袍，长袍是花色布制成的，有的是黄底白团花（花蕊为蓝色），有的是白底方格图案（方格是褐色的）。长袍圆角、对襟、大翻领、广袖（颇似中国明清戏剧中的戏袍），每条衣边都用

蓝色布镶边，镶边很宽，有的镶边形成图案。波斯御林军不束腰带，留齐项短发，额头束绿色毛布宽带，带宽约一寸许。

波斯人习惯穿齐踝靴子，长袍之下穿紧身裤。他们身背箭囊，左肩挎弓，手持长矛，长身而立。这种服饰很像是埃及人的服饰，而与波斯人的常服是不一样的。这种考古所得的资料与希罗多德《历史》的记载大体是相吻合的。在希罗多德的记载中，波斯人“穿着美地亚人的衣服，因为他们认为这种衣服比自己的衣服漂亮；而在战时他们所穿的又是埃及人的铠甲。”但美地亚人的服装是什么样子，考古工作者没有提供具体的实物资料。

希罗多德《历史》是这样记载的：“（波斯人）头上戴着称为提阿拉斯的软毡帽，身上穿着五颜六色的带袖内衣，上面有鱼鳞一样的铁鳞，腿上穿着裤子。他们没有一般的盾，而用的是细枝编成的盾，盾的背面挂着箭筒。他们使用短枪、长弓、芦苇制成的箭，此外还有挂在右胯上腰带地方的短剑。箭军中美地亚人的装束和波斯人是一样的。老实说，上述样式的戎装与其说是波斯人的，还不如说是美地亚人的。”

波斯人留齐项短发，通常不带头带或束发器一类的东西，而戴头巾。男性的头巾大多是长条形的，女性头巾一般是方形的。这个时期，波斯女性并不蒙头巾。在居鲁士起事获得成功后，波斯人的生活变得富裕起来。忙碌一天之后，波斯人就去洗浴，他们很重视这件事。干净的波斯人通常通体涂抹香料，就像希腊人通体涂抹橄榄油一样。

我们一直认为，波斯人通体涂抹香料的习俗是受了希腊人通体涂抹橄榄油的启发。稍有身份的波斯人出门时要带手杖，手杖都是用上好木料制成的。手杖头一般雕些图案，图案都是随意的，没有严格的规定。有些手杖上雕植物，有些手杖上雕动物。植物图案有苹果、玫瑰、百合，动物则有鹰等。